Dr. Gerold Asshoff

Drama? – Nein danke!

Emotionale Souveränität für ein
Drama-freies Leben.

Drama? – Nein danke!

Emotionale Souveränität für ein Drama-freies Leben.

Wenn mir jemand das Wissen, das ich dir in diesem Buch vermitteln werde, als junger Erwachsener mitgeteilt hätte, wäre mir so mancher, teils schmerzhafter Irrweg im Leben vollständig erspart geblieben. Deine Kraft für dein Leben konstruktiv nutzen zu können, anstatt sie in den Dramen des täglichen Daseins zu verschleissen, ist das Anliegen dieses Buches.

Bibliografische Information der Deutschen Nationalbibliothek:
Die Deutsche Nationalbibliothek verzeichnet diese Publikation in der Deutschen Nationalbibliografie;
detaillierte bibliografische Daten sind im Internet über http://dnb.dnb.de abrufbar.

© 2024 Dr. Gerold Asshoff
Lektorat: Nicole Valverde Muro
Layout: Nicolas Berkenheide

Herstellung und Verlag:
BoD – Books on Demand, Norderstedt

ISBN: 978-3-7597-3345-0

Inhaltsverzeichnis

Vorwort — 6

Einleitung — 10

1. Wo die Reise hingeht — 12

2. Dein Ziel — 16

3. Die vier Ebenen — 20

4. Die Psychodynamik des Dramas — 30

5. Die vier Kerngefühle – Mehr nicht? — 42

6. Wut — 50

7. Traurigkeit — 68

8. Angst — 76

9. Freude — 92

10. Gefühlsvermischungen — 98

11. Gefühl oder Emotion? — 110

12. Epilog — 120

Danksagung — 122

Der Autor — 124

Vorwort

Gerold bat mich, das Vorwort zu diesem Buch zu schreiben. „Na, endlich mal ein Buch von dir!", schrieb ich auf seine Anfrage zurück.

„Wie lang soll das Vorwort sein?", fragte ich kurz darauf. „Vorzugsweise nicht länger als das Buch" antwortete Gerold.

Prima, das ist schon einmal eine hilfreiche Eingrenzung. Wobei, wenn das Buch nur eine halbe Seite lang wird, was mache ich dann? Und wenn ich die Vorgabe komplett ausreize? Dann wird das Vorwort dramatisch lang.

235 Seiten Buch mit 234 Seiten Vorwort… wir würden wahrscheinlich einen Rekord aufstellen. Doch will ich mit dem Vorwort ins Guiness Buch? Kein Interesse. Aber die Länge des Vorworts ist ein gutes Beispiel für den enormen Spielraum an Optionen und Interpretationen, die das Drama oftmals erst möglich machen. Und das, obwohl die Vorgaben so klar erscheinen („… nicht länger als das Buch"). Willkommen in der Pseudo-Klarheitsfalle. Später von Gerold mehr darüber. Sehr viel mehr.

Aus meiner persönlichen und beruflichen Erfahrung kann ich die Dynamik von Interpretationen und die Wucht von Dramen sehr weitgehend beschreiben. Wie sie unsere Energie verzehren, die Intimität zerstören und des gegenseitigen Respekts berauben. Wie plötzlich ärgerliche Dinge geschehen, die wir niemals für möglich gehalten haben. Oder besser gesagt: Wie wir diese ärgerlichen und frustrierenden Dinge geschehen lassen, weil wir keine Energie mehr dafür haben, sie zu verhindern.

Mein geschätzter Freund und Autor dieses Buches kann diese Dinge ebenfalls großartig und tiefgründig beschreiben. Viel mehr noch: Gerold kann jeden einzelnen dramatischen Moment genauestens sezieren. Wie dieser Augenblick zum nächsten Level des Dramas führt und warum dieses Level noch längst nicht das Ende der Dramatik darstellen wird.

Du wirst das Drama also bestens kennenlernen. Jede Facette davon. Ohne es unbedingt selbst erleben zu müssen. Sei gespannt darauf, denn Gerold ist nicht nur ein sensationeller Analyst, sondern auch ein starker Erzähler.

Ohne vorwegzugreifen kann ich eines jetzt schon sagen (Gerold mag es mir verzeihen): Die umfassende Auseinandersetzung mit dem Phänomen des Dramas hat erhebliche Auswirkungen. Dazu gehören neben einer gewissen Leichtigkeit, Gelassenheit und Freude auch eine gute Portion Humor!

Ja, der Humor begleitet definitiv jeden von uns beiden sowohl individuell als auch in unserer Zusammenarbeit als Trainer für emotionale Souveränität. Und egal wie lange das Vorwort am Ende sein wird: Wenn du dich nach dem Lesen noch in der gleichen Jahreszeit befindest, sind wir gut dabei, würde ich sagen.

Bevor es gleich richtig losgeht mit Gerolds präzisen Abhandlungen, habe ich für dich noch zwei gute Nachrichten und eine schlechte Nachricht:

Die schlechte Nachricht ist: Das Drama begegnet dir überall und jederzeit. Praktisch in Nanosekunden in jedem Lebensbereich. Das Spiel findet bereits beim Drängeln in der Schlange statt, beim Autofahren und bei allem anderen, was nicht so klappt, wie du dir es wünschst. Das Drama kann aus unwichtigen, aber auch aus den wichtigsten Dingen deines Lebens bestehen. Dabei ist es völlig egal, ob du dich mit einer Person in einer Interaktion befindest oder einen Dialog im Kopf führst. Beides ist Drama und kostet sehr viel Energie. Denn dieses Spiel ernährt sich von nichts anderem als deiner Lebensenergie und frohlockt geradezu, wenn es ihm gelingt, dich in Konfliktsituationen sprachlos und ohnmächtig fühlen zu lassen.

Die gute Nachricht ist: Niederes Drama ist nicht das Leben. Diese Dynamik ist selbst gewählt. Du kannst jederzeit aus dem Zustand der Ohnmacht oder aus einer Konfliktsituation aussteigen und ein anderes Spiel wählen.

Die zweite gute Nachricht ist: Du hältst in deinen Händen eine neue Landkarte, um die neue Spielwelt zu erkunden. Dieses Buch liefert dir faszinierende, vielleicht bisher unbekannte Navigationsparameter in Form von Unterscheidungen.

Denn: Unterscheidungen schaffen Klarheit. Klarheit schafft Möglichkeiten.

Die ersten Anzeichen deiner Klarheit erkennst du, wenn du aufhörst, verwirrt zu sein. Warte nur ab, wie die Kapitel dieses Buches dir Klarheit über deine Gefühle bringen werden. Schon mit dieser einen Erkenntnis wirst du entdecken, wie dein Alltag mehr und mehr Raum bietet für Freude, Liebe und Kreativität.

Deine neuen Möglichkeiten repräsentieren die Menge an tatsächlich verfügbaren Alternativen, die du frei wählen kannst. Ein erweiterter Spielraum ermöglicht dir, in außergewöhnliche Beziehungen zu treten, zu handeln, Entscheidungen zu treffen, Fragen zu stellen, zu agieren, Aussagen zu treffen, Veränderungen vorzunehmen, Dinge neu(tral) zu betrachten und vieles mehr.

Ich wünsche dir eine spannende Entdeckungsreise durch eine neue Landkarte deiner Gefühle und das Öffnen von schlummernden Kraftressourcen, die schon lange darauf warten, von dir für dein dramafreies Leben erweckt zu werden.

Ok, 2,5 Seiten Vorwort. Das Buch wird also mindestens drei Seiten lang!

Ich gebe ab an Gerold.

Monika Mazur

Einleitung

Mitten in einem Kreis von ca. 20 Jugendlichen und jungen Erwachsenen saß ich, als diese Einsicht kam. 16 Jahre war ich jung und mir nicht mehr erinnerlich, wie ich in diesen Kurs gekommen war: Meine Stärken und Schwächen erkennen – und einen Schritt der Veränderung planen. Durchgeführt von einem Jungendpriester, der mit allen Wassern gewaschen war. Kein religiös verbrämter Schnickschnack, sondern mitten aus dem Leben. Mir wurde absolut klar, spürbar bis in den Körper hinein, wie immens wichtig es ist, zu fühlen. Bis dahin hatte ich es aus dem Kopf heraus konstruiert, vielleicht bis ins Rückenmark reichend, aber nicht bis ins Herz oder in den Bauch. Jetzt war es da. Es war direkt spürbar, im Bauch, in der Herzgegend. Es wurde weit und warm. Ich fühlte, was wirklich ist.

Der erste Band dieser vierteiligen Reihe befasst sich mit emotionaler Souveränität. Fast alle Menschen, die zu mir in die Beratung kommen oder von mir begutachtet wurden oder werden, haben eines im Sinn: Sie wollen sich besser fühlen. Vielen gelingt es nicht, einigen vorübergehend und nur wenigen überdauernd, in eine bessere emotionale Stimmung zu kommen. Woran liegt das?

Ganz einfach: Sie legen den Fokus auf besser im Sinne von Bequemlichkeit, von sich wohlfühlen, von Vermeidung des Unschönen. So funktioniert es aber nicht. Der Schwerpunkt muss erst einmal auf fühlen liegen, also sich besser fühlen. Erst dann ist es möglich, dass die Befindlichkeit wirklich angenehmer und in diesem Sinne besser wird.

Und genau das lernen wir in unserer Kultur nicht. Ich habe nicht einmal in meiner Facharztausbildung zum Psychotherapeuten gelernt, wie das mit dem Fühlen wirklich funktioniert und was es diesbezüglich braucht, um in eine überdauernde Befindlichkeitsverbesserung zu kommen. Ganz zu schweigen von dem ganz wesentlichen und glasklar zu fassenden Unterschied zwischen einem Gefühl und einer Emotion. In unserer Kultur ist das eine amorphe Masse, die immer wieder gleichgesetzt wird.

Dieses Buch bringt dir wirkmächtige professionelle Klarheit im Umgang mit deinen Gefühlen und Emotionen sowie mit denen anderer. Du wirst schon in Kürze in der Lage sein, aus der Nutzung deiner Gefühle mehr Energie herauszuholen, als du bisher in ihre Handhabung hineingesteckt hast. Du kommst aus einer negativen Energiebilanz in eine satte positive Fülle und Weite – und legst damit die Grundlage, dich wirklich besser zu fühlen.

Alles, was du in diesem Buch liest, ist aus der Praxis entstanden, nicht aus einer wissenschaftlichen Theorie oder aus einem gedanklichen Konstrukt. Die hier dargelegte Sichtweise und Erfahrung hat sich selbst im Umgang mit schwerst persönlichkeitsgestörten Straftätern, mit denen ich über viele Jahre sehr intensiv gearbeitet habe, mehr als bewährt.

Ich wünsche dir tiefe Erkenntnisse, wichtige Erfahrungen in den Übungen und den überdauernden Wechsel in einen hoch kompetenten Umgang mit deiner affektiven Ebene, respektive deinen Gefühlen und Emotionen.

1. Wo die Reise hingeht

„Ich möchte besser auf mich achten und lernen, mich durchzusetzen."
war das Ticket der Kursteilnehmerin in einer meiner Ausbildungsgrup-
pen. Das klang gut und war ihre Eintrittskarte in diese Ausbildung. Im
Laufe des Kurses änderte es sich aber. Sie hatte anfangs große Schwierigkeiten, den Kurs zu finanzieren und wollte schon mehrfach absagen.
Sie blieb dann aber mit meiner Unterstützung dran, weil sie erkann-
te, dass sich in diesem Problem ihr Kernthema verbarg. Sie hatte eine
tief sitzende Überzeugung, dass sie es nicht verdient hat, so viel Geld
für sich selbst auszugeben. Jetzt kam das eigentliche Ticket: Ich bin es
wert! Am Ende des Kurses war sie es auch. Sie konnte es fühlen, dass
sie noch viel mehr Wertschätzung für sich selbst aufbringen kann, als
die Kursgebühr.

Bevor wir mit den Inhalten der einzelnen Gefühle, der Vermischungen,
dem niederen Drama und anderen Themen dieses Buches beginnen, ist
es wichtig, dass du deine Intention klärst.

Warum liest du dieses Buch?
Welches Ziel verfolgst du damit?
Welche Kompetenzen möchtest du zurückerlangen oder ausbauen?
Wozu soll das Ganze hier dienen?

Was ist dein Ticket, deine Fahrkarte?
Auf welchen ganz persönlichen Weg möchtest du dich machen?

Schau einmal genau hin und schreibe dir auf, warum du im Umgang mit
Gefühlen eine höhere Kompetenz entwickeln möchtest.

Möchtest du zum Beispiel:

- deine partnerschaftliche Situation verbessern?
- im Berufsalltag zufriedener sein?
- wiederkehrende emotionale Belastungen loswerden?

- den Spielraum deiner Gefühlswelt erweitern?
- mehr vom Leben haben?
- dein Leben aktiver selbst gestalten?
- dich persönlich weiter entwickeln?
- mehr in ein Gefühl von Fülle und Weite kommen?
- dich lieber auf Chancen konzentrieren, als Probleme zu wälzen?
- deine Kreativität entfalten?
- deine Themen im Leben besser und effektiver angehen?
- ...

Es hat einen Grund, warum du dieses Buch gerade jetzt in der Hand hältst. Jeder, wirklich jeder hat ein eigenes Ticket für diese Reise.

Nimm dir 10 - 20 Minuten Zeit und schreibe auf, worum es gerade in deinem Leben geht. Was ist es, was du *ent*-wickeln, *ent*-falten möchtest?

Schreibe dein Ticket klar und präzise auf, sodass eine Person, die dich nicht kennt, sofort weiß, was du meinst und keine Fragen mehr hat. Dann hast du es erfasst.

Je klarer deine Intention ist, desto höher ist der Nutzen aus diesem Buch. Wenn du zum Beispiel eine Weltreise machst, setzt du dir Ziele. Das heißt nicht, dass dieses Ziel in Stein gemeißelt ist. Es kann sich auf dem Weg ändern. Ein klares Ziel zu haben, hilft dir beim Start. Du weißt genau, in welche Richtung du losgehst und wie du dort hinkommst. Wenn du dann auf dem Weg bist, kannst du das Ziel wieder neu formulieren. Ich erlebe oft in meinen Kursen und Einzelbegleitungen, dass jemand eine klare Intention hat, den Kurs zu beginnen und ihn mit einer anderen wichtigen Facette seiner Persönlichkeit beendet, die es zu entwickeln gilt. Das ist kein Zeichen von Schwäche, sondern genau das Gegenteil. Es ist die Fähigkeit, sein Ziel im Sinne einer absichtslosen Strebsamkeit immer wieder loszulassen und neu zu formulieren.

Mit absichtsloser Strebsamkeit ist gemeint, dass du ständig weiter strebst, deinem Ziel entgegen. Du hast etwas im Auge, wo du hin möchtest, was dir wichtig ist. Diesem Ziel, diesem Aspekt deiner Persönlichkeit, der dir im Moment am wichtigsten ist, gilt das Streben, das kontinuierliche Ausrichten auf dieses Ziel. Absichtslos heißt, dieses Ziel, diesen Aspekt in dir, immer wieder loszulassen, um ihn neu zu überprüfen. Ist es noch das, was mir am wichtigsten ist? Oder hat sich etwas anderes gezeigt, das am Anfang noch nicht sichtbar war? Dann formuliere dein Ziel neu. Vielleicht ist es eine kleine Änderung, vielleicht geht es auch in eine ganz andere Richtung. Das zu tun, zeugt von persönlicher Reife, als dass es eine Disziplinlosigkeit darstellt.

Schreibe nun dein Ticket auf. Welches Ziel steht auf deiner Fahrkarte für diese Reise?

Mein Tipp dazu: Nutze nur wenige Schlagwörter und schreibe keine langen Romane. Dein Unterbewusstsein braucht eine klare Linie. Ein Ziel ist ein Punkt, keine Fläche. Oft reichen nur ein bis drei Wörter, die dein Ziel genau beschreiben. Letztlich muss es auch nur für dich klar und deutlich sein. Bleibe dabei locker und entspannt. Es ist wie beim Bogenschießen. Du brauchst eine klare Ausrichtung auf das Ziel. Verspannst du dich dabei, geht der Pfeil garantiert vorbei.

Frohes Zielen ...

2. Dein Ziel

Männer-Initiierung in den Bergen. Im Sommer gehe ich oft mit wenigen Männern für eine Woche in die Berge. Es geht darum, sich den eigenen maskulinen Archetyp wieder anzueignen bzw. zurückzuholen. Jeden Tag gibt es eine Wanderung. An einer unübersichtlichen Stelle frage ich die Männer an einem Tag, wo wir eigentlich sind. Regelmäßig kommt betretenes Schweigen und Staunen. Keiner weiß so recht, wo er ist. Aber jeder geht mit. Die Richtung ist doch klar, das Ziel ist benannt. Trotzdem weiß niemand, wo wir sind. Die ersten zücken das Handy, um über eine Navigations-App zu schauen, wo sie sind. Nein, so geht das im Leben nicht. Es gibt kein Persönlichkeits-Google. Also geht das Rätselraten los, wie sie herausfinden können, wo sie sind. Ich lege Ihnen dazu eine Landkarte, einen Kompass und einen Kartenwinkelmesser sowie einen Bleistift auf einen Stein. Das Rätselraten geht weiter. Wie kommen wir dahinter, wo wir sind? Jedes Mal ist es für die Männer eine wichtige Erfahrung, mit ganz einfachen Mitteln sehr exakt den eigenen Standpunkt zu bestimmen. Große Erleichterung macht sich bemerkbar, wenn es geschafft ist. Der Weg, den wir danach gehen, hat eine andere Qualität, weil eine Orientierung da ist.

Nachdem du dein Ziel, dein Ticket formuliert hast, geht es zum nächsten Schritt.

Stell dir vor, du bist in den Bergen zum Wandern und auf dem Weg zu deiner persönlichen Schatztruhe, die irgendwo in den Bergen versteckt ist. Du hast alles dabei, was du brauchst: Kleidung, Nahrung, Wasser, Karte und Kompass.

Manchmal hast du eine weite Sicht und kannst erkennen, wo es lang geht. Manchmal zieht sich das Wetter zu und die Sichtweite geht auf wenige Meter zurück. Vielleicht hast du auch eine gute Sicht, weißt aber dennoch nicht genau, wo der Weg ist. So ist das beim Wandern manchmal.

Was du aber hast, ist das klare Ziel – deine Schatztruhe. Du weißt genau, wo du am Ende hin möchtest. Dieses Ziel ist auch auf deiner Karte zu sehen, die du dabei hast. Du hast inzwischen gelernt, mit einer Karte und einem Kompass umzugehen, um dich im Gelände zu orientieren. Aus der Vorbereitung weißt du, dass es noch ein Waldstück zu passieren gibt, du musst noch über einen Fluss, über zwei Berge, durch ein Dorf hindurch und kommst dann an dein Ziel. Von daher dürfte jetzt nichts mehr dazwischen kommen und es kann losgehen.

Jetzt hat die Sache aber einen Haken, an den viele nicht denken. Was brauchst du noch, um mit Karte und Kompass, quasi deiner inneren Ausrichtung für dein persönliches Ziel, richtig navigieren zu können? In den Kursen und Seminaren, die ich gebe, herrscht an dieser Stelle oft Unklarheit und Schweigen. Kaum jemand kommt darauf, was noch fehlt. Es ist doch alles dabei. Es soll doch endlich losgehen.

Die beste Karte, deine beste innere Ausrichtung nutzt dir nichts, wenn du nicht weißt, wo du stehst. Ohne klaren Startpunkt kannst du die Karte und den Kompass getrost wegschmeißen. Beides ist nutzlos.

Deshalb ist es so wichtig, dass du möglichst genau weißt, wo du im Hinblick auf dein persönliches Ziel, das du anstrebst, im Moment stehst. Wenn du dir zum Beispiel vornimmst, deine Fähigkeit zu fühlen und zu erweitern, ist es hilfreich, wenn du weißt, wie gut du es schon kannst.

Bekanntlich ist es oft so, dass wir selbst unsere eigene Situation anders einschätzen, als sie aus der Umgebung wahrgenommen wird. Die Wahrnehmung unserer Umgebung diesbezüglich ist sehr wichtig. Daher gibt es in der Gruppenpsychotherapie einen ganz wichtigen Leitsatz. Er lautet: Die Gruppe hat immer Recht.

Damit ist gemeint, dass ein immer wiederkehrendes Feedback, das du bekommst, einen Grund hat. Sagt es einer, kann es Zufall sein. Sagen es zwei, ist etwas daran. Sagen es drei, steckt ein System dahinter. Feedback und ehrliche Rückmeldung sind Gold wert auf deinem Weg.

Warum sehen mich viele Menschen in vergleichbarer Weise und ich mich anders? Das liegt an einem systematischen Denkfehler, zu dem wir Menschen neigen, den man Selbstüberschätzung nennt. Das ist ein ganz natürlicher Prozess, der nichts Pathologisches hat. Du siehst dich selbst immer aus einem anderen Blickwinkel als andere.

Nimm dein Ziel, das du formuliert hast, und suche dir drei bis fünf Personen, von denen du ein ehrliches Feedback hinsichtlich deines momentanen Standpunktes bekommst. Bitte diese Personen darum, dass sie dir eine ehrliche Rückmeldung darüber geben, wie sie dich diesen Aspekt betreffend erleben. Frage sie zum Beispiel: Wie erlebst du meine Fähigkeit zu fühlen? Mache deinem Gegenüber freundlich aber bestimmt klar, dass für dich eine ehrliche und klare Antwort viel wichtiger ist, als dass sie dir Honig ums Maul schmieren. Davon hast du nichts. Das führt dich vollkommen in die Irre. Und genau da willst du ja raus.

So ist es beim Wandern mit Karte und Kompass. Du brauchst für deine Standortbestimmung am besten zwei fixe Punkte, die du siehst und auf deiner Karte ganz klar ausmachen kannst. Wenn du diese Punkte hast, kannst du im Sinne der Triangulation deinen eigenen Standpunkt exakt bestimmen.

Du kommst dann auch durch den dicksten Nebel hindurch und gelangst sicher an dein Ziel. Hast du einen falschen Startpunkt, landest du überall, aber mit hoher Wahrscheinlichkeit nicht an dem Punkt, wo du hin möchtest. Das ist so gut wie unmöglich.

Das ist der Grund, warum viele gute Vorhaben im Bereich der Persönlichkeitsentwicklung nicht funktionieren und in Frustration enden. Weil alle mit voller Kraft auf das klare und präzise formulierte Ziel losrennen, aber überhaupt nicht geschaut haben, wo sie eigentlich gerade sind. Chaos und tiefe Enttäuschung sind vorprogrammiert.

Die Schwierigkeit bei der ganzen Sache ist, drei bis fünf Personen zu finden, die dich ein bisschen kennen und dir ein ehrliches Feedback geben.

Ich finde es immer wieder spannend, aber auch ein bisschen erschreckend, wie sehr wir in unserer Kultur gewohnt sind, keine ehrlichen Antworten zu geben, sondern sozial gewünschte. Frage jemanden, den du triffst, wie es ihm oder ihr geht. Du wirst in 99 % der Fälle hören: „Gut!" Und zwar vollkommen unabhängig, wie es deinem Gegenüber wirklich geht. Das wird dein Gegenüber dir auch sagen, wenn das Leben gerade völlig aus dem Ruder läuft und jemand mit dem Rücken an der Wand steht. So ist unsere Kultur halt gestrickt.

Also finde jetzt diese mindestens drei, eher fünf Personen und frage sie zu ihrer Sicht deines persönlichen Aspektes, deines Tickets.

Höre dir an, was sie dir sagen und achte darauf, wie dein System darauf reagiert. Wie fühlt es sich an, welche Gedanken hast du dazu und hast du vielleicht auch eine körperliche Reaktion darauf? Du musst nicht jede Rückmeldung kritiklos annehmen.

Nimm dir das heraus, was dich berührt (egal ob angenehm oder unangenehm). An diesem Punkt ist sehr wahrscheinlich etwas dran. Schreibe ihn auf; auch deine eigene Meinung zu deinem Aspekt. Der ist auch etwas wert.

Nun hast du mit großer Wahrscheinlichkeit deinen exakten Standpunkt diesen persönlichen Aspekt betreffend.

Es kann losgehen ...

3. Die vier Ebenen

„Wie soll ich mich denn fühlen?" war die Frage von Daniela. Jedes Mal, wenn die Frage aufkam, was fühlst du gerade oder wie fühlst du dich, kam genau diese Antwort. Daniela konnte nicht fühlen, was gerade in ihrer affektiven Ebene (Emotionen oder Gefühle) los war. Diese Fähigkeit hatte sie schon ganz früh aufgegeben, weil das in ihrer Familie nicht gerne gesehen war.

Ich fragte sie erneut: „Was fühlst du gerade?" „Ich weiß es nicht." war die Antwort und es wurde klar, dass sie wieder darüber nachdachte, wie sie sich in einer solchen Situation fühlen soll. Genau das hat sie schon sehr oft getan: denken anstatt zu fühlen. Das hat sie schon als kleines Kind gelernt. Fühlen war in ihrer Familie nicht gewollt, zu gefährlich, hatte überhaupt keinen Platz. Es ging um rationale Entscheidungen und Anpassung.

Da sie ein sehr emotionaler Mensch war, der ursprünglich eine starke Ausprägung dieser affektiven Ebene hatte, brauchte sie einen Ausweg. Der Verstand reichte nicht aus, die Gefühlsebene zu ersetzen.

Was hat sie gemacht? Sie hat schon in ihrer Kindheit angefangen, sich sehr intensiv um ihren Körper zu kümmern und zu tanzen. Sie hat das sogar zu ihrem Beruf gemacht – und darin ist sie gut, sehr gut sogar.

Es hat sich dadurch eine Möglichkeit entwickelt, über den Körper die eigenen Gefühle wahrzunehmen. Im Vordergrund steht bei ihr die Körperwahrnehmung, über die sie da herankommt, welches Gefühl gerade in ihr wirkt. In einer solchen Klarheit und Intensität habe ich das bisher nicht erlebt, dass jemand so über den Körper fühlt.

Aus einem sehr rational orientierten, katholisch geprägten Haushalt stammend war auch bei mir das Fühlen nicht an der Tagesordnung. Mein Vater war sogar der Ansicht, dass Gefühle sehr gefährlich werden können und man sie deshalb am besten erst gar nicht hat, sondern rationale Entscheidungen trifft und die Dinge nüchtern und analytisch betrachtet. Kein Wunder, dass dieser Mann im Alter herzkrank geworden und daran letztlich auch gestorben ist.

Ich traf mit 16 Jahren eine Entscheidung: Ich hole mir diese Fähigkeit des Fühlens wieder zurück. Sie ist so existenziell für Menschen, dass ich das wieder haben wollte.

Über Jahre blieb ich dran, aus dem Kopf über das verlängerte Rückenmark langsam Richtung Herz zu kommen und dort wahrzunehmen, was ich wirklich fühle. Mit Mitte 20 war ich soweit. Ich konnte im Bauch fühlen, welches Gefühl sich dort abspielt. Dazu muss man sagen, dass mein gesamtes Lebensumfeld einen Stock im Arsch hatte, bis an beide Ohren reichend und meilenweit von der Fähigkeit entfernt war, zu fühlen. All das wurde massiv unterdrückt, insbesondere durch zu viel essen und sich zustopfen.

Worauf will ich hinaus?

Unser Bewusstsein, unsere Identität, spiegelt sich auf vier Ebenen wider: physische, intellektuelle, affektive und Präsenz-Ebene. Diese vier möchte ich genauer beschreiben, weil sie für emotionale Kompetenz und Souveränität existenziell wichtig sind.

Zunächst ist da die physische Ebene, unser Körper. Wir haben einen Körper, aber wir sind nicht unser Körper. Das Ich, das Selbst, ist reines Bewusstsein. Dieses Bewusstsein hat unter anderem Kontakt zum Körper und spiegelt sich dort wider. Dieser Körper besteht aus verschiedenen Organen, 81 an der Zahl. In diesen Organen haben wir körperliche Empfindungen. So können wir Spannung wahrnehmen, Temperaturunterschiede, spitz und stumpf unterscheiden und uns wohl oder unwohl fühlen. Diese Empfindungen können noch weiter differenziert werden. Der Körper kann sich eng oder weit anfühlen. Er kann Schmerzen und verschiedene Arten von Druck empfinden. Beim Schmerz können wir schneiden, stechen, stumpf und drücken differenzieren. Oftmals sind das Reaktionen auf die Umgebung oder auf innere Prozesse, die in uns ablaufen.

Diesen Körper können wir trainieren und Kondition oder Kraft aufbauen. Wir können ihn gut ernähren oder schlecht. Ferner können wir ihn durch eine entsprechende Ernährung in seiner Sensibilität fördern oder abstumpfen lassen. Die Möglichkeiten sind vielfältig.

Daniela hat im Leben die Fähigkeit entwickelt, ihre Umwelt überwiegend über ihren Körper wahrzunehmen. Das war in ihrer Familie völlig okay und ohne Probleme machbar. Nur fühlen sollte sie besser nicht. Sie hat ihren Körper sehr gepflegt. Schließlich war sie auch auf ihn angewiesen, um über ihre körperlichen Empfindungen mitzubekommen, wie sie auf die Umgebung, Situationen und andere Menschen reagiert.

Schauen wir uns die nächste Ebene an, die intellektuelle. Das Zentrum dieser Ebene ist das Gehirn und der darin liegende Verstand. Der Verstand arbeitet mit Gedanken. Entweder mit den eigenen oder er verwertet die Gedanken anderer. Der Verstand analysiert, zerlegt, speichert Dinge, die er einmal erfahren hat und setzt sie neu zusammen. Oft halten wir das für neue Erfahrungen und Kreativität. Bei genauerer Betrachtung kann der Verstand jedoch nur mit dem arbeiten, was er schon kennt. Er kann nicht wirklich Neues schöpfen, sondern nur Altes rekombinieren. Das ist sein Job: alles, was wir erleben, in sein Modell von Leben integrieren.

Oftmals erlebe ich, dass Menschen die Ergebnisse des Verstandes für das Leben halten. Ich erinnere mich an ein Ehepaar, das bei mir zur Beratung war, weil die Frau sich von ihrem Mann nicht verstanden fühlte. Sie hatte oft den Eindruck, dass er nicht versteht, was sie sagt und meint. Die beiden saßen vor mir und es war mehr als deutlich spürbar, dass der Mann in seinem Verstand wie gefangen war. Er war nicht in der Lage, auf der affektiven Ebene wahrzunehmen; das war für ihn schier unmöglich. Wenn irgendetwas in den Raum kam, was nicht logisch war, wurde er nicht nur unsicher, sondern barsch abwehrend. Mehrfach sagte er: „Das ist doch unlogisch, völliger Blödsinn!" Mir ist es nicht gelungen, ihm die Möglichkeit und die Wichtigkeit der affektiven Ebene zu eröffnen. Beide habe ich nicht wieder gesehen und weiß nicht, was aus ihnen geworden ist.

Wenn ich jemanden, insbesondere Männer, darauf hinweise, dass es auch noch eine andere Ebene als die des Verstandes gibt, höre ich oft: „Ich bin halt ein Kopfmensch!" Inzwischen begegne ich dem oft mit: „Es gibt keine Kopfmenschen. Es gibt Menschen, die sich dafür entscheiden, zu denken anstatt zu fühlen oder wahrzunehmen." Oftmals hilft das, aber auch nicht immer. Manche stecken in ihrer intellektuellen Ebene so fest, dass sie nichts anderes gelten lassen. In manchen Kontexten, insbesondere in sehr verstandesorientierten Berufen, kann das sehr hilfreich sein. Gerade bei Juristen und Geistlichen habe ich das sehr oft erlebt. Aber dazu an einer anderen Stelle mehr.

Die dritte Ebene, die ich aufzeigen möchte, ist die affektive Ebene. Ich sage bewusst nicht emotionale Ebene; dazu später mehr. Dieser Teil in uns, der mit dem Bewusstsein verbunden ist, ist nicht so exakt zu lokalisieren, wie die intellektuelle Ebene. Am ehesten sitzt sie im Herz und im Sonnengeflecht, dem sogenannten Solarplexus im Oberbauch. Diese Ebene besteht aus Emotionen und Gefühlen. Ja, es gibt hier einen ganz klaren, sauber definierbaren und wichtigen Unterschied, auf den ich in einem eigenen Kapitel noch ausführlich eingehen werde.

Diese dritte Ebene entwickelt genauso ein Gedächtnis wie die intellektuelle Ebene. Nur geht das nicht über den Verstand und ist in diesem Sinne nicht verstehbar. Es ist jedoch eindeutig spürbar, was wir fühlen, jedoch etwas anderes als eine körperliche Empfindung.

Gefühle und Emotionen haben eine eigene Sprache, die wir als Kind angeboren mit auf die Welt bringen. Babys und Kinder sind mit ihren Gefühlen stark verbunden und können diese deutlich und gut differenziert wahrnehmen. Mit der Zeit verlernen wir das, weil es in unserer Kultur nicht gefördert wird bzw. uns sogar ausgetrieben wird. Schon im Kleinkindalter werden wir dazu angehalten, nicht zu fühlen, sondern uns vernünftig zu benehmen. Damit nimmt eine sehr unheilvolle Entwicklung ihren Anfang.

Schon jetzt möchte ich darauf hinweisen, dass Gefühle einfach Gefühle sind und Emotionen sind Emotionen. Mehr nicht. Sie haben von Natur aus keine Wertung - genauso wie das Wetter weder gut noch schlecht ist, sondern einfach regnerisch oder sonnig etc. Genauso sind Gefühle so, wie sie sind. Wut ist Wut, Traurigkeit ist Traurigkeit, Angst ist Angst und Freude ist Freude. Mehr nicht! Alles andere ist der Versuch des Verstandes, ein Gefühl zu kategorisieren, einzuordnen und verstehbar zu machen. Dass der Verstand das macht, ist völlig in Ordnung. Wir brauchen aber nicht jeden Bullshit glauben, den wir denken.

Gefühle und Emotionen haben zwei Aspekte: zum einen eine ganz bestimmte Qualität, man könnte auch Energie sagen und wichtige Informationen, die uns über dieses Gefühl bzw. Emotion vermittelt werden. Beides können wir nutzen, wenn wir Gefühlen und Emotionen wertfrei und offen begegnen. Wenn wir sie bewerten, insbesondere als schlecht oder negativ, neigen wir dazu, dieses Gefühl nicht haben zu wollen und damit auch nicht mehr nutzen zu können. Natürlich haben wir dieses Gefühl, ob wir wollen oder nicht. Jedoch können wir es nicht mehr für uns nutzen, wenn wir nicht genau hinfühlen. Wir kommen an späterer Stelle auf diese Punkte noch einmal ausführlicher zurück.

Die Präsenz, letztlich das, was die vierte Ebene, die atmosphärische oder energetische Ebene ausmacht, ist diejenige, die am schwersten zu vermitteln ist. So wie Verstand, Gefühl und Körper gut greifbar sind, ist es die Präsenz eben nicht. Deshalb wird sie vielleicht auch so wenig beachtet, weil sie nicht so gut objektivierbar ist. Es sind letztlich zwei Hauptaspekte, um die es bei der Präsenz geht.

Präsenz heißt, mit dem jetzigen Moment im Kontakt sein; mit dem, was wirklich ist. Es geht um das Sein, dass einfache Da-Sein, ohne Wenn und Aber.

Die gedankliche Beschäftigung mit der Vergangenheit oder mit der Zukunft kann als das Gegenteil der Präsenz angesehen werden. Wir machen das sehr häufig. Wir denken über Dinge nach, die es nicht mehr gibt, weil sie älter als drei Minuten sind und somit der Vergangenheit angehören. Die Vergangenheit existiert nicht mehr, sie ist definitiv vorbei. Das einzige, was wir machen können – und wir tun es zuhauf – ist, die Vergangenheit immer wieder zu reaktualisieren, indem wir sie mit neuen Geschichten warm aufbrühen. Das machen wir so geschickt, dass wir glauben, es hat noch eine unmittelbare Auswirkung auf uns. Nicht die Vergangenheit hat diese Auswirkung, sondern die Geschichte, die wir im Kopf dazu entwerfen und vehement verteidigen.

Die andere Richtung ist die, in die Zukunft zu gehen. Wir schauen gerne, wie es demnächst sein sollte, wie wir es gerne hätten, wie wir es uns wünschen, wie es vermutlich sein wird. Auch all das gibt es nicht, vielleicht wird es das sogar nie geben, weil es anders laufen wird, als gedacht. Auch das ist ein Gegenteil von Präsenz.

Vielleicht kennst du das Phänomen, dass du in einem Raum bist und eine Person mehrfach an dir vorbeiläuft und du dich später an diese Person nicht erinnern kannst, wenn du nach ihr gefragt wirst. Das kann daran liegen, dass diese Person in ihrem Sein, in ihrer Existenz, nicht präsent ist. Präsenz ist so etwas wie Spürbarkeit im Raum. Andersherum gibt es das Phänomen, dass jemand in den Raum hineinkommt, den du nicht siehst, der vielleicht hinter dir ist, und du drehst dich automatisch um. Das liegt daran, dass diese Person sehr präsent ist. Du spürst sie auf dieser atmosphärischen oder auch energetisch genannten Präsenz-Ebene.

Ellen, die als leitende OP-Schwester gearbeitet hat, war von der Statur her relativ klein und zierlich. Sie war stets darauf aus, nicht aufzufallen und hatte schon morgens früh nach dem Aufstehen das Gefühl, sich bei ihrem eigenen Spiegelbild für ihr Dasein entschuldigen zu müssen. Kein Wunder, dass der Chefarzt sie eines Tages im OP fragte, ob sie eine neue Mitarbeiterin ist, er habe sie noch nicht gesehen. Natürlich hat dieser Chefarzt sie schon oft gesehen, mit und ohne OP-Maske. Aber sie hatte die Ausstrahlung wie eine Frau, die noch nie da war. Auf der Präsenzebene war das auch so. Sie wollte ja nicht wirklich da sein, nicht existieren, nicht wahrgenommen werden.

Dieses Erlebnis hat Ellen dermaßen schockiert, dass sie den Eindruck hatte, jetzt endlich etwas in ihrem Leben ändern zu müssen. Letztlich konnte sie eine andere Haltung sich selbst und dem Leben gegenüber entwickeln. Heute gehört sie zu denen, nach denen sich andere Menschen umdrehen, wenn sie in den Raum kommt. Eine wunderbare und sehr berührende Entwicklung.

4 Ebenen

Körper-Ebene physische- ~	Verstand-Ebene intellektuelle- ~
Organe Empfindungen	Verstand Gedanken
atmosphärische Ebene energetische ~ Sein Präsenz	affektive Ebene Herz / Solarplexus Gefühle / Emotionen

Alle Ebenen sind frei wählbar!

Flipchart aus einem Seminar

Bei Ellen ist bei genauerer Betrachtung sehr interessant, dass sie als Kind aus einer Missbrauchssituation entstanden ist, die totgeschwiegen wurde und bis heute auch niemand objektiv nachweisen kann. Klar war nur, dass es besser gewesen wäre, wenn es sie nicht gibt. Das hat sich unbewusst so tief in sie hineingegraben, dass sie nicht da sein wollte. Deswegen hat sie versucht, möglichst nicht gesehen und gespürt zu werden. Diese Erfahrung hatte in ihrer Umgebung eine so starke Außenwirkung, dass ihr Sohn sich über eine objektiv gesehen unverständliche Straftat wie aus dem Leben herausgeschossen hat und beinahe für mehrere Jahre im Gefängnis gelandet wäre. Nur durch sehr viel Bewusstseinsarbeit und Klärung der zugrunde liegenden Dynamik konnte sich diese Familiengeschichte so weit auflösen, dass auch die Geschichte des Sohnes ein gutes Ende nahm. Beide, sowohl die Mutter als auch der Sohn, leben heute innerlich frei, sehr bewusst, mit ihren Gefühlen verbunden und sehr präsent.

Schon bei Shakespeare können wir lesen: Sein oder nicht Sein. Genau darum geht es auf dieser Ebene. Dort laufen viele Dinge ab, die in meiner Ausbildungsarbeit einen ganz eigenen Abschnitt bekommen, weil er einerseits so existenziell wichtig ist, andererseits aber weder mit dem Verstand noch mit dem Gefühl begreifbar ist. Es braucht eine gesonderte Annäherung an diese Ebene, um sie wieder freizuschalten. In unserer Kultur hat sie keine schlechte, sondern annähernd keine Lobby. Und leider, leider wird diese Ebene oftmals mit viel Wallewalle und Sternenstaub zugestreut (mein persönlicher Ausdruck für esoterisch verbrämten Realitätsverlust), was nicht sonderlich hilfreich ist. Ich gehe auf diese Ebene in einem weiteren Buch ausführlicher ein.

Im täglichen Leben ist unser Bewusstsein stets mit diesen vier Ebenen verbunden und diese auch untereinander. So können wir durch bestimmte Gedanken ganz bestimmte Gefühle hervorrufen und diese bis zu unseren Empfindungen im Körper spüren. Auf unsere Präsenz hat es eine entsprechende Auswirkung. Man kann diese Phänomene bis in die Quantenfelder der Physik zurückverfolgen. Es hat eine immense Auswirkung, sich dieser Ebenen und ihrer Qualitäten bewusst zu sein.

Einerseits können wir unsere Umwelt viel besser wahrnehmen und differenzierter mit ihr umgehen. Andererseits liegt in der bewussten Interaktion der vier Ebenen die Möglichkeit, unser Leben kreativ und aktiv aus unserem Selbst heraus zu gestalten, anstatt das Leben nur zu erdulden. Viele Menschen leben in letzterem Modus und versuchen, manchmal verzweifelt und auch wenig erfolgreich, wenigstens noch ein paar Brotkrumen des Lebens abzukriegen und sind von einer aktiven Gestaltung dessen, was sie wirklich wollen, meilenweit entfernt.

Gesellschaftspolitisch sind solche Menschen gewollt, die sich als Masse steuern lassen: ohne Wille, ohne Anbindung an ihr Gefühl, nicht präsent und mit Meinungen anderer über den Verstand zugefüttert.

Wenn du den Eindruck hast, dass genau das für dich in diesem Leben ansteht, nämlich stumpf durch die Gegend zu rennen, nichts mehr mitzukriegen und den Meinungen anderer zu folgen, solltest du dieses Buch spätestens jetzt aus der Hand legen. Es wird sonst sehr ungemütlich für dich.

Wenn wir uns die Eigenschaften dieser vier Ebenen wieder zurückholen und unser Leben aus unserem innersten Selbst heraus aktiv, kraftvoll und präsent gestalten wollen, dann lies bitte weiter. Du wirst hier Einsichten und Möglichkeiten bekommen, an die du sonst so gut wie nicht herankommst.

Es gibt noch einen weiteren Vorteil, diese vier Ebenen zu kennen und mit ihnen in einem guten Kontakt zu sein. Wir können sie nämlich frei wählen. Das heißt, wir können unsere Aufmerksamkeit, quasi die Energie unseres Bewusstseins, dorthin lenken, wo wir sie haben wollen. Wenn wir zum Beispiel in einer schwierigen Lebenssituation sind, können wir zum einen darüber nachdenken, wir können aber auch fühlen, was in uns los ist und über unsere Körperempfindungen uns selbst in dieser Situation spüren. Wir können unsere Präsenz wahrnehmen und sogar bewusst steuern. So können wir entscheiden, ob wir mit dem Thema, in dem wir gerade sind, im Kontakt sein, also präsent sein möchten oder ob wir innerlich aussteigen.

Wenn wir gerade nicht richtig fühlen können, was los ist, können wir es über unseren Körper empfinden und somit unser Gefühl wieder freischalten.

Mit der Kenntnis und einem konstruktiven Umgang mit den vier Ebenen haben wir einen riesengroßen Pool an Möglichkeiten der Wahrnehmung und der aktiven Lebensgestaltung. Das alles hier ist nicht schwer. Wir haben es lediglich als Kind schon früh abgegeben, weil es unserer

Umgebung vielleicht nicht gepasst hat, dass wir gut fühlen können, dass wir einen scharfen Verstand haben, dass wir präsent sind und es uns in unserem Körper gut geht.

Es geht hier nicht um irgendetwas Neues, das wir erlernen müssen. Es geht darum, dass wir uns dessen bewusst werden und jede Ebene wieder in ihren natürlichen Zustand zurückführen.

4. Die Psychodynamik des Dramas – und ewig grüßt die Vermeidung

„Ich will nicht, dass du mit einem Freund über unsere Beziehung sprichst. Ich will nicht, dass andere Menschen etwas über mich erfahren." Das war die sehr klare Ansage, die Torben von seiner Partnerin bekam. Es kam immer wieder zu heftigen Streitigkeiten, wenn er sich mit mir als gutem Freund über seine Lebenssituation ausgetauscht hat. Jedes Mal, wenn seine Partnerin das mitbekommen hat, stieg Zuhause der Drama-Ballon auf - in allen Farben und Schattierungen. Das Thema wurde auch immer wieder aufgegriffen, wenn es gar keinen akuten Anlass gab. Hauptsache Drama. Das letztliche Ende vom Lied: Trennung. Torben ging in ein Leben, das Freiheit und Wertschätzung zur Grundlage hat, nicht Vermeidung und Drama.

„Halte dich daraus! Das ist eine Sache zwischen uns, die niemand anderen etwas angeht!"

Hast du den Satz schon einmal gehört, wenn du mit deinen Freunden unterwegs warst und es Streit gab? Lass uns mal näher schauen, was hier abgelaufen ist.

Donnerstagabend, 20:00 Uhr. Ihr seid zu dritt zum Kino verabredet. Weil viele Leute kommen werden, hat einer von euch dreien bereits Karten online bestellt und auch die Reservierungsnummer, um die Karten abzuholen. Soweit ist alles klar geregelt. Du bist mit einer Freundin bereits um 19:45 Uhr am Kino und ihr wartet auf eine weitere Freundin – nämlich auf die, welche die Karten bestellt hat.

Leider hat diese Freundin die Angewohnheit, zu spät zu kommen - so auch heute. Es ist 20:00 Uhr, niemand da. Es ist 20:05 Uhr, immer noch keine da. Um 20:10 Uhr ist sie auch noch nicht eingetroffen. Um 20:12 Uhr kommt sie dann, abgehetzt und mit der üblichen Ausrede: „Mir ist noch etwas dazwischen gekommen, ich kam nicht so schnell von der Arbeit weg." Den Satz hast du mindestens schon zehnmal von ihr gehört.

Du hast die Nase einfach voll davon, dass sie regelmäßig und oft zu spät kommt. Es reicht dir einfach. Du hast keinen Bock mehr darauf und willst das nicht mehr. Was passiert? Du drückst das ihr gegenüber sehr klar und deutlich aus. Zum Beispiel:

„Ständig kommst du zu spät! Den Film können wir wieder vergessen, er hat schon angefangen. Auch bei anderen Gelegenheiten kommt es immer wieder vor, dass du mit derselben Ausrede zu spät kommst. Was soll das? Wir stehen hier und können nicht rein, weil du die Reservierungsnummer hast. Mir reicht es!"

„Ich hatte noch ein Gespräch im Büro; ich kam nicht so schnell weg. Du kennst das doch. Außerdem stimmt es nicht, dass ich immer zu spät komme!"

„Jeder von uns hat Meetings und Gespräche. Trotzdem kommen wir pünktlich. Das hier ist eine Verabredung. Du musst dich daran halten, wenn wir das so verabreden. Außerdem stimmt es, dass du sehr oft zu spät bist. Das scheint dir völlig egal zu sein, dass wir jetzt hier stehen!"

„Du bist auch oft zu spät, merkst das aber offensichtlich gar nicht! Ich bin ja nicht die einzige, der das passiert. Letzte Woche zum Mittagessen auf dem Markt hat es auch nicht funktioniert; Madame ist nicht erschienen."

„Das ist etwas anderes; das passiert nur sehr selten. Das stimmt nicht, was du sagst!"

Die dritte Freundin schaltet sich ein: „Hey, das ist doch jetzt nicht so wild, dass ihr euch deswegen streiten müsst. Wir können den Film auch an einem anderen Tag sehen."

„Halt du dich da raus! Das hier muss endlich mal gesagt und geklärt werden. So geht das nicht! So geht man mit Freundinnen nicht um!"

„Warum blöffst du sie jetzt an? Sie will die Situation doch nur klären und Frieden stiften." sagt die zweite.

„Will sie nicht! Sie fällt mir in den Rücken. Ich wollte das hier klären und jetzt seid ihr beide gegen mich! Was ist hier eigentlich los? Ihr könnt euren blöden Film alleine gucken. Ich gehe nach Hause. Endlich klärt eine mal die Dinge und dafür kriege ich auch noch einen reingewürgt. Ihr könnt mich mal!"

„Was ist denn mit der jetzt los? Spinnt die? Ich habe auch keinen Bock mehr. Der ganze Abend ist versaut."

„Und das liegt jetzt an mir? Ihr habt sie doch nicht mehr alle. Nur wegen einem blöden Film so ein Drama."

„Hier geht es nicht um den Film, hier geht es ums Prinzip. Sie hat schon recht, dass du oft zu spät kommst."

...

Kennst du solche oder so ähnliche Situationen? Wie oft kommt es vor, dass Situationen so enden? Was ist hier los? Und wie kann die ganze Situation so deeskaliert werden, dass jede bekommt, was sie braucht?

In dieser Situation gibt es drei Positionen, die ich mal als Dreieck aufzeichne.

Eine Person kommt zu spät. Das ist erst einmal eine Tatsache, mehr nicht. Diese Person kommt später, als verabredet. Das ist so; es ist objektiv feststellbar.

Eine Freundin will das nicht mehr und drückt das sehr klar aus. Sie reagiert aus ihrer affektiven Ebene heraus und greift die zu spät gekommene Freundin an. Ich bezeichne diese Person als Täterin (T), weil sie einen aggressiv vorwerfenden Impuls hineinbringt. Sie ist wütend, was verständlich ist.

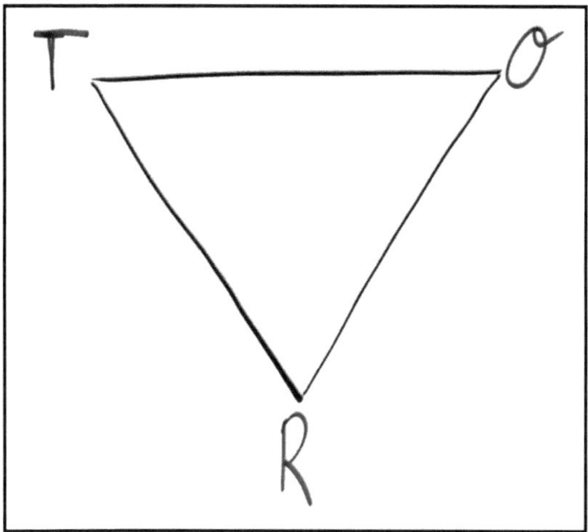

Flipchart aus einem Seminar

Dann ist da die Freundin, die zu spät gekommen ist, egal warum. Sie wird angegriffen – ich bezeichne sie als Opfer (O). Der Angriff kam für sie völlig unerwartet. Sie ist erschrocken und reagiert auf eine typische Weise mit Abwehr. Auch das ist verständlich.

Nach einem kurzen Scharmützel schaltet sich die dritte ein und versucht, die Situation zu schlichten. Ich bezeichne sie als Retterin (R).

Welche Gefühle bzw. Emotionen treiben diese drei an? Ich schreibe es mal dazu.

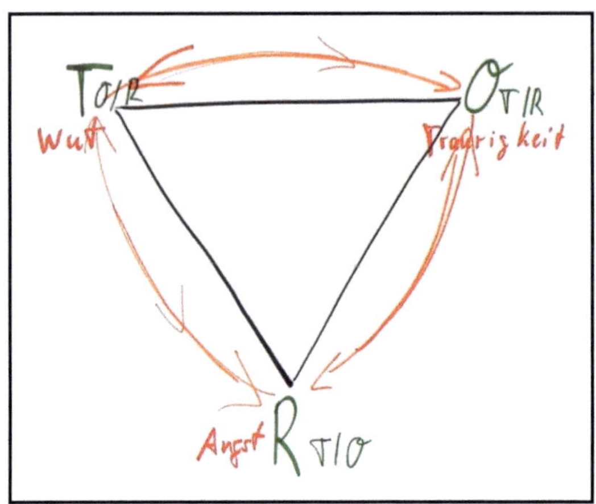

Flipchart aus einem Seminar

Die Täterin ist wütend und will diese Wut nicht haben. Sie lässt sie raus, sie geht aggressiv gegen die als Opfer bezeichnete andere Freundin vor. Sie zieht ihr eins drüber und will ihre Wut so loswerden. Sie will sich dadurch entlasten.

Die Freundin, das Opfer, ist völlig überrascht und geht reflektorisch in die Gegenabwehr. Sie lässt sich das nicht gefallen und gibt ebenso aggressive Impulse hinein. Sie verteidigt sich und gibt einen Grund an, warum sie zu spät gekommen ist. Es liegt also nicht an ihr, sondern an der Situation, in der sie war. Sie lehnt die Verantwortung dafür ab.

Die dritte Freundin ist völlig überrascht und unangenehm berührt, dass die anderen beiden sich jetzt streiten. Auch für sie kommt es völlig überraschend. Inzwischen sind beide Freundinnen sauer aufeinander und wütend. Die Dritte versucht aus einem spontanen Impuls heraus, den Streit zu schlichten und die Situation zu retten. Die anderen beiden sind aber schon so in Fahrt, dass die Dritte zurückgewiesen wird.

So weit, so gut. Eine typische Alltagssituation. Wer hat sie noch nicht erlebt?! Was passiert hier eigentlich genau?

Die erste Freundin will ihre Wut loswerden. Ihr ist dieses Gefühl unangenehm; sie will es nicht haben. Also muss es raus und weg. Es gibt ja schließlich auch einen guten Grund, warum sie wütend ist. Die andere Freundin ist zu spät gekommen, sie ist schuld daran. Also bekommt sie jetzt die volle Ladung ab. Das scheint erst einmal völlig okay zu sein.

Die andere ist völlig überrascht und wehrt sich, wie es in unserer Gesellschaft üblich ist. „Lass dir das nicht gefallen!" ist eine typische Haltung, die wir schon im Kindergarten lernen. Es gibt ganze Berufszweige, die von dieser Haltung leben. Die zweite Freundin weiß genau, dass sie diese Situation verursacht hat. Offensichtlich ist ihr das schon öfter passiert und sie weiß auch darum. Egal, ob es dieses mal einen triftigen Grund hatte oder nicht: Sie weiß um dieses Problem. Dennoch nimmt sie es nicht an. Sie nimmt die Verantwortung nicht zu sich, sondern lehnt sie ab. Also geht sie in den Gegenangriff über.

Die dritte Freundin bekommt es mit der Angst zu tun. Sie weiß nicht, wo dieser Streit hinführt. Sie will das nicht. Sie will diese Angst nicht haben. Deshalb greift sie ein und versucht, den Streit zu schlichten, damit sie ihre eigene Angst nicht mehr fühlen muss. Also schreitet sie ein und stellt in den Raum, dass deswegen nicht so ein Streit entstehen muss. Das ist doch erstmal ein sinnvoller Ansatz, oder?!

Weil das einfach so in den Raum gestellt ist und die beiden anderen bereits ihre Wut ausgedrückt haben (und das gesellschaftlich als nicht okay gilt), fühlen sie sich dadurch angesprochen und auch angegriffen. Also wehren sich beide. Die Retterin, die es doch nur gut gemeint hat, wird jetzt zurückgewiesen, auch wieder durch einen aggressiven Impuls. Die Wut richtet sich jetzt gegen die Retterin, die dadurch zum Opfer wird.

Dieses neue Opfer zieht sich jetzt entweder zurück oder geht auch in den Gegenangriff und sagt Dinge wie: „Ich will euch doch nur helfen!" Das ist aber das Letzte, was die anderen beiden jetzt wollen. Die beiden sind im Modus der Wut, der Verantwortungsverschiebung und ziehen das Ding durch. Die Retterin hat keine Chance.

Das, was hier passiert, ist ein Drama, ein Niederes Drama. Solche oder ähnliche Dramen finden jeden Tag an jeder Ecke statt – in sehr unterschiedlicher Ausprägung, von der grundsätzlichen Dynamik her jedoch vergleichbar. Ich brauche nicht einmal eine andere Person dafür. Ich kann ein solches Niederes Drama genauso gut mit mir selbst spielen.

Wenn ich zum Beispiel fünf Kilo zu viel auf der Uhr habe, kann ich mir deswegen selber einen Vorwurf machen. Sekunden später findet mein Verstand ein Gegenargument, warum das im Moment völlig in Ordnung ist, fünf kg zu viel zu wiegen. Bei dem derzeitigen Stress und der Situation ist es doch kein Wunder. Dann kommt eine dritte Instanz hinzu, welche die ganze Sache vernünftig beleuchtet. Vielleicht findet sie auch einen Ausweg, wie ich mein passendes Gewicht in den nächsten Wochen wieder erreichen kann. Dann kommt aber die erste Instanz wieder und sagt, dass ich das hätte eigentlich schon lange erreicht haben müssen. Ich ziehe mich runter, mache mich selbst zum Opfer. So geht es dann weiter.

Was kommt bei einem solchen Niederen Drama heraus? Nichts Konstruktives, das steht fest. Das einzige, was passiert: Zeit vergeht. Im Endeffekt sind alle drei keinen einzigen Schritt weiter. Aber die Beziehung, die Freundschaftsebene, ist erst einmal zerstört und der Abend ist gelaufen. Jeder geht mit einem Klumpatsch an unangenehmen Gefühlen nach Hause. Wut mischt sich mit Traurigkeit und Angst. Die ersehnte Freude des Kinoabends ist dahin.

Das ist ein typisches Niederes Drama. Drama ist klar. Ein niederes ist es, weil es keinen Sinn ergibt. Es dient niederen Impulsen. Das Stammhirn agiert hier auf destruktive Weise und versucht, die eigene Haut durch aggressive Impulse oder Rückzug zu retten. Hört sich ein bisschen nach Steinzeit an, funktioniert heute aber genauso wie vor 15.000 Jahren. Das Prinzip ist immer noch dasselbe.

Warum läuft das so und was ist der Ausweg?

Vielleicht hast du schon einmal beobachtet, dass ein solcher Streit wieder neu entfacht wird, wenn er langsam ausläuft. So könnte es ja sein, dass die drei Freundinnen sich einmal was an die Ohren hauen und die Situation sich langsam wieder entspannt. Kurz bevor sie dann ins Kino gehen, sagt eine der drei noch: „Seht ihr, das ist genauso wie letztes Jahr, da hatten wir das auch schon mal. Da bist du auch zu spät gekommen." Die ganze Leier geht wieder von vorne los.

Es scheint also eine Instanz in uns zu geben, die Freude bzw. Spaß daran hat, dass dieser Streit weitergeht. Erinnere dich an Situationen, wo du einen solchen Impuls gesetzt hast. Schaue es dir wertfrei an, wo du das zuletzt erlebt hast. Was war da los?

Ja, eine solche Instanz gibt es. Jeder hat sie. Es ist eine ganz natürliche, menschliche Eigenschaft, die Streitigkeiten aufrecht hält. Manchmal wird so etwas sogar noch nach Jahren aktiviert, wenn die Gelegenheit günstig ist. Dann wird noch mal abgerechnet und ein neues Fass aufgemacht. Jeder hat das schon einmal erlebt.

Diese Instanz hat eine höllische Freude daran, dass Beziehungen nicht funktionieren und jeder die Verantwortung für seine Gefühle nicht übernimmt, sondern das Niedere Drama weitergeht.

Wie lange kann das Drama weitergehen? Endlos lange. Die drei Freundinnen könnten dieses *Zu-spät-kommen* zum Anlass nehmen, sich ein ganzes Jahr lang diese Dinge immer wieder vorzuwerfen und nicht zur Ruhe kommen zu lassen. Wie oft geschieht so etwas, dass beste Freundinnen plötzlich ein oder zwei Jahre kein Wort mehr miteinander sprechen und sich gegenseitig bei anderen anschwärzen? So etwas finden wir bis in die Politik hinein, was zu ganzen Völkerkriegen führen kann. Das Prinzip ist genau dasselbe: Nicht-Verantworten der eigenen Gefühle und Emotionen.

Was treibt diesen Konflikt an bzw. was hält ihn aufrecht?

Wenn wir genau schauen, ist es eine ganz simple Angelegenheit. Jede dieser drei Freundinnen fühlt etwas. Die Erste fühlt ihre Wut und Verärgerung, die Zweite ist bestürzt und erschrocken, die Dritte hat Angst. Diese drei Gefühle sind völlig in Ordnung und verständlich. Nur: Keine der Drei will dieses Gefühl in sich spüren und haben. Jede Freundin will es loswerden – und zwar so schnell wie möglich.

Die Täterin will ihre Wut loswerden, die Zweite will nicht traurig sein über ihr Fehlverhalten und die Dritte will die Angst nicht haben. Also hauen sie alle drei ihre Emotionen und Gefühle raus – in der Hoffnung, dass es dann besser wird. Wird es aber nicht. Definitiv nicht. Nein, es wird nur noch schlimmer. Angefacht durch die unbewusste Instanz, die den Streit aufrecht erhalten will, geht das Ganze so lange, bis eine der drei Freundinnen anfängt, die Verantwortung für das eigene Gefühl zu übernehmen und es erst einmal bei sich hält und spürt.

So kann die erste Freundin hingehen, ihre Wut bzw. Verärgerung spüren und das erst einmal bei sich behalten. Diese aufsteigende Kraft kann sie dann nutzen, um mit den anderen beiden eine Lösung zu finden. Sie kann zum Beispiel sagen: „Ich bin verärgert, dass wir diesen Film verpassen. Das ist schon öfter passiert und ich will das nicht mehr. Lass uns bitte eine Lösung finden, damit so etwas nicht mehr passiert". Sie drückt sehr klar aus, wie sie sich fühlt. Sie benennt auch die Ursache, ohne dafür eine Person direkt verantwortlich zu machen und bittet darum, gemeinsam eine Lösung zu finden. Das ist eine völlig andere Kontaktaufnahme als die erste.

Damit ist die Eingangsdynamik schon aufgelöst und die Situation wird einen völlig anderen Verlauf nehmen.

Die Zweite im Bunde kann hingehen und erst einmal fühlen, was in ihr auftaucht: Betroffenheit, eine Spielart der Traurigkeit. Sie kann es wahrnehmen, dass wegen ihr der Abend zu kippen droht. Ja, sie ist zu spät, egal warum. Wenn sie das sehen kann, ihr Gefühl zunächst bei sich behält und nicht aggressiv abwehrt, ist der Dynamik ein weiterer Stecker gezogen. Sie übernimmt die Verantwortung für ihr Gefühl sowie ihre

Situation und sucht nach einer Lösung. So kann sie zum Beispiel sagen: „Es tut mir leid, ich bin zu spät. Wir hatten ein Gespräch im Büro, bei dem ich es nicht geschafft habe, mich frühzeitig herauszuziehen. Es tut mir leid. Ich werde schauen, dass so etwas nicht wieder passiert". Dadurch ist ein Streit schon kaum mehr möglich.

Die dritte Freundin, hier die Retterin genannt, kann ihre Angst spüren. Sie kann merken, wie es unbehaglich wird und sie nicht mehr möchte, dass die anderen beiden sich streiten. In diesem Moment behält sie diese Gefühlskraft für sich und nutzt sie dann, um einen konstruktiven Vorschlag zu machen. Sie kann sagen: „Lass uns erst einmal den Film sehen und danach schauen, was wir tun können, damit so etwas nicht wieder passiert. Mir ist es wichtig, dass wir drei einen schönen Abend haben. Das Thema kriegen wir schon hin. Lasst uns ins Kino gehen."

Die anderen beiden hören auf zu streiten und gehen mit. Später lässt sich dieser Konflikt auf einer ganz anderen Ebene lösen. Die Dynamik ist unterbrochen, der Streit beendet.

Im Klartext bedeutet das, dass du ein Niederes Drama beenden kannst, indem du die volle Verantwortung für das übernimmst, was du gerade fühlst und dann einen angemessenen, konstruktiven Ausdruck dafür findest. Die vierte Instanz in uns, welche die Freundschaft zerlegen möchte, hat dann so gut wie keine Chance mehr. Sie muss sich ein anderes Schlachtfeld suchen – das sie auch finden wird. Aber dazu später mehr.

Dieser ganz simple Mechanismus des Niederen Dramas ist im Alltag oft zu beobachten, dass es schon erschreckend ist. Achte in den nächsten Tagen einmal darauf und schaue, wo sich diese Dramen abspielen. Wo übernimmt jemand nicht die Verantwortung für das, was sie oder er fühlt und schiebt es dem anderen herüber. Du wirst entdecken, wie perfide diese Mechanismen funktionieren, auch bei dir selbst.

Achte darauf, was du fühlst und halte dieses Gefühl erst einmal in dir. Haue es nicht raus und schiebe es auch nicht weg. Dieses Gefühl, das in dir aufkommt, ist zumeist eine Mischung aus unterschiedlichen Gefühlen.

Es gibt dir den Antrieb zur Lösung eines Problems bzw. einer Situation und versorgt dich mit den Informationen, die du brauchst, damit du diese Situation konstruktiv angehen kannst.

Wenn du das Gefühl loswerden willst, hast du genau diese beiden Faktoren für den konstruktiven Umgang mit einer solchen Situation verspielt. Genau deswegen gibt es so viele Niedere Dramen auf der Welt. Ganz einfach!

Was ist ein Niederes Drama? Bei genauerer Betrachtung geht dieser Mechanismus weit über die Kommunikationsebene hinaus. Es geht nicht nur darum, in einem Streit die Verantwortung für das eigene Gefühl nicht zu übernehmen. Jedes Mal, wenn wir die Verantwortung für das, was uns betrifft, nicht übernehmen, entsteht ein Niederes Drama.

Wenn wir mit jemandem in Kontakt sind und unser Gefühl nicht wahrnehmen wollen, wird die Kommunikation schwierig. Es vergeht Zeit um Zeit, bis dieser Kontakt konstruktiv abgeschlossen ist. Wie oft schwelen Dinge im Raum, die nicht zu Ende gebracht werden und manchmal noch Jahre später als sogenannte Rechnung offen sind. Da ist etwas nicht zu Ende gebracht, nicht ausgesprochen und nicht geklärt worden. Gerne nehmen wir den Spruch: Zeit heilt alle Wunden. Der stimmt jedoch nicht. Auch das ist nur ein Versuch, dem Unausweichlichen zu entkommen.

Natürlich relativieren Dinge sich mit der Zeit. Sie lösen sich dadurch aber nicht auf. In Gesprächen mit Klienten und Mentees beobachte ich das immer wieder und kenne es auch aus meiner eigenen Geschichte. Manchmal werden Themen hervorgekramt, die zig Jahre her sind und immer noch eine emotionale Reaktion hervorrufen, weil die Situation damals nicht bereinigt wurde. Das ist ein ganz natürlicher Prozess. Eine Kommunikation bleibt so lange stehen, bis sie abgeschlossen ist. Das ist nicht schlecht und auch nicht gut, sondern das ist einfach so.

Es geht beim Niederen Drama nicht nur um Verantwortung für das eigene Gefühl, sondern um Verantwortung allgemein.

Das Thema Verantwortung wird noch einmal einen Platz in einem weiteren Folgeband einnehmen. Hier nur so viel dazu, dass wir in unserer Kultur schon als Kinder lernen, Verantwortung möglichst zu vermeiden. Wenn uns im Kindergarten aus Versehen etwas kaputt gegangen ist und die Kindergärtnerin gefragt hat, wer das war, war die übliche Reaktion, die Verantwortung dafür zu verneinen. Es war irgendjemand anderes, es waren die Umstände oder sonst was. Wie oft höre ich das in Begutachtungen von Straftätern:; „Das war nicht ich. Das war der Alkohol!" Manchmal frage ich dann etwas frech, ob der Alkohol Rechtsoder Linkshänder war, als er zugestochen hat. Spätestens dann bricht diese Argumentationskette haltlos zusammen.

Erst dann, wenn ich die Verantwortung für mich übernehme, mein Gefühl zu mir nehme, es als meines anerkenne und damit verantwortlich und konstruktiv umgehe, entgehe ich dem Niederen Drama. Ansonsten hänge ich drin. Früher oder später wird es mich wieder einholen. Jeder von uns kennt solche Situationen. Wie oft schieben wir anderen oder den Umständen die Schuld in die Schuhe, anstatt zu erkennen, dass die Situation deswegen noch nicht bereinigt ist, weil ich mein Gefühl, das dabei aufgekommen ist, nicht haben will und ich versuche, es auf irgendeinem Weg loszuwerden.

Im nächsten Schritt ist es deshalb notwendig, sich Emotionen und Gefühle genauer anzuschauen, um zu sehen, wie ein konstruktiver Umgang damit aussehen kann. Wir lernen es in unserer Kultur nicht. Weder im Kindergarten, noch in der Schule, noch im Studium. Selbst in der Ausbildung zum ärztlichen Psychotherapeuten und in der Zeit als Psychiater habe ich es nicht angemessen gelernt. Im Gegenteil: Mir wurde immer wieder klargemacht, dass es negative und positive, gute und schlechte Gefühle gibt. Zum Glück habe ich irgendwann erkannt, dass das der größte Bullshit aller Zeiten ist.

Also gehen wir da mal ran.

5. Die vier Kerngefühle – Mehr nicht?

Jetzt ist er völlig durchgeknallt, dachte ich, als ich den Seminarleiter das hier folgende habe sagen hören. Und das noch, nachdem er bei der ersten Übung mit mir und meiner damaligen Partnerin auch noch ausgestiegen ist, weil er meinte, das nicht halten zu können. Ich war, gelinde gesagt, etwas erstaunt über diesen Mann, der in seinem Fach so hoch gehandelt wurde. Erst steigt er aus, dann erzählt er noch Mumpitz.

Die Facharztausbildung Psychiatrie und Psychotherapie hatte ich gerade hinter mir und stand voll in meiner Aufgabe als Psychotherapeut und Gerichtsgutachter. An Gefühlen konnte ich mindestens 50 Stück so runterbeten und auch mit Inhalt füllen. Und das war noch lange nicht alles. Bei genauerem Hinschauen wäre ich wahrscheinlich auf 100 oder noch mehr gekommen. Das war mein tägliches Werkzeug und Teil meiner Identität, damit professionell umzugehen. Von wegen ...

Nicht hilfreich war für mich erst einmal, dass dieser Mann nicht in der Lage war oder vielleicht auch nicht willens, das Gespräch zwischen meiner ehemaligen Partnerin und mir zu moderieren. Er unterbrach es relativ schnell und sagte, dass er da nicht mehr mitkommt und setzte an seine Stelle eine Co-Trainerin. Das hatte ich bisher bei vielen Seminaren, die ich mitgemacht habe, noch nicht erlebt. Ich war nicht nur erstaunt, sondern genervt und hatte eigentlich keine Lust mehr, noch zu bleiben. Ich tat es aber doch – und es sollte für mich eine sehr wichtige Entscheidung werden. Das hatte ich zu dem Zeitpunkt aber noch nicht erahnt.

Was hat er uns erzählt? Er stand am Flip-Chart, wollte mir, dem Psychiater und Psychotherapeuten sowie Rechtsmediziner klarmachen, dass unser gesamtes affektives System aus lediglich vier Gefühlen besteht und alles andere Mischungen daraus oder erst gar keine Gefühle sind. Dann zählte er diese auf: Wut, Traurigkeit, Angst und Freude. Viele Dinge, mit denen ich tagtäglich zu tun hatte, waren da nicht vertreten. Ich war mir ziemlich sicher, dass der Mann mal stramm vor die Schleuse geschwommen ist und einen am Helm hat. Was sollte ich auch von einem studierten Physiker erwarten, der sich in mein Fachgebiet hineinwagt. Mein Ego rebellierte und wollte nur noch, dass es aufhört.

Ich behielt die Fassung und fand auch meine Grundhaltung wieder, mir die Dinge erst einmal anzuhören. Wenn da nichts dran ist, werde ich es merken. Wenn etwas da dran ist, auch. Also blieb ich – und das wurde ein Segen.

1974: Valerie Lankford, eine junge Studentin am Institut für Transaktionsanalyse von Eric Berne bekam von ihrer Mentorin, der in Amerika gut bekannten Jacqui Lee Chiff, im Rahmen ihrer Diplomarbeit die Aufgabe, sich darüber Gedanken zu machen, wie jemand trotz starker emotionaler Belastung leistungsfähig bleiben kann. Sie machte sich an die Arbeit und kam nach mehreren Monaten zu ihrer Mentorin zurück. Sie sagte ihr, dass sie sich das gemeinsam anschauen sollten, weil sie immer wieder zu einem ganz verblüffenden Ergebnis kommt. Sie habe es mehrfach zur Seite gelegt, wieder hervorgeholt und wieder geschaut und es kam immer wieder dasselbe heraus. Ihr Ergebnis war, dass unser emotionales System, ich nenne es hier affektive Ebene, letztlich aus nur vier Grundaffekten besteht, die sich frei mischen und dadurch viele Kombinationen möglich machen, die wir die entsprechenden Gefühle nennen.

Also schauten die beiden genau hin. Die Mentorin kam auch zu diesem Ergebnis, das ihre Studentin herausgefunden hatte. Sie waren beide so davon überrascht, zeitgleich aber auch überzeugt, dass sie zu ihrem Chef gingen, Eric Berne. Dieser hatte sich in der Szene der Psychiater und Psychotherapeuten einen internationalen Namen gemacht und schaute sich die Ergebnisse sehr sorgfältig und wertfrei an. Auch er bestätigte das Ergebnis.

Dass unser affektives System aus nur wenigen Kerngefühlen besteht, die sich mischen und dann unterschiedliche, in unserer Kultur entsprechend benannte Gefühle, hervorrufen, war nichts völlig Neues. Valerie

Lankford hat es jedoch als erste präzisiert und auf den Punkt gebracht.

Davon erzählte uns der Seminarleiter und schrieb die vier Grundgefühle auf das Flipchart. Meine innere Unruhe, Fluchttendenz und Abwertung gingen langsam zurück und wechselten in ein erstauntes, jedoch auch neugieriges Zuhören. Jetzt wollte ich es genau wissen, was dieser hochintelligente Mann, der da vor mir stand, zu sagen hatte.

Ich begriff, dass dieser Mann vorbehaltlos genau hinschaut und in der Lage ist, seine bisherigen angelernten Sichtweisen und auch sein eigenes Ego fallen zu lassen für das, was im Moment notwendig ist. So erklärte es sich für mich, dass er in der Partnerschaftsübung zuvor ausgestiegen und sich gegen eine Co-Trainerin ausgetauscht hatte. In diesem Moment war ein Punkt berührt, bei dem er den Eindruck hatte, jemand anderes kann das besser moderieren. Ich entwickelte Respekt vor diesem Mann und hörte ihm gerne weiter zu.

Inzwischen ist für mich völlig klar, dass das, was er erzählte und den Untersuchungsergebnissen der Valerie Lankford entsprach, in der Arbeit mit Menschen von immenser Bedeutung ist. Diese Erkenntnisse haben meine Arbeit grundlegend gewandelt und völlig neue Perspektiven im Umgang mit Gefühlen und Emotionen ermöglicht.

Worum geht es dabei?

Unser gesamtes affektives Erleben, das aus Gefühlen und Emotionen besteht, ist letztlich auf vier Grund- oder Kerngefühle zurückzuführen. Es handelt sich dabei um vier Grundqualitäten, die sehr unterschiedlich sind. Zwei von ihnen führen zu einer Hinwendung nach außen, indem ein Drang entsteht, mit der Außenwelt in Kontakt zu treten. Die anderen beiden führen dazu, dass wir uns nach innen in die Selbstwahrnehmung richten.

Ich zeige dir nachfolgend ein Flip-Chart, das es verdeutlicht.

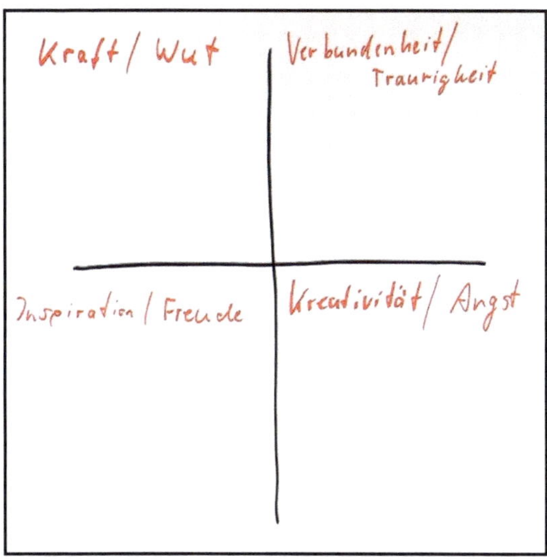

Flipchart aus einem Seminar

Wir kennen diese Gefühle unter den Namen Wut, Traurigkeit, Angst und Freude. Das sind kognitive Begriffe, die unter anderem dazu führen, dass wir viel über diese Gefühle nachdenken. Oftmals mehr, als sie zu fühlen. Das, was ich dir jetzt unterbreite, sind Gefühle. Diese haben eine ganz eigene Dynamik und Gesetzmäßigkeiten. Diese Ebene in uns ist mit dem Verstand nicht zu erfassen, also nicht zu verstehen im klassischen Sinne. Mache dir das bitte klar! Wir reden hier über eine eigenständige Ebene. Die affektive Ebene ist eine selbständige Ebene, so wie der Verstand, der Körper und die Präsenz. Wir können Gefühle wahrnehmen und nutzen, deren Dynamik zumeist jedoch nicht verstehen.

Das erste Gefühl, die sogenannte Wut, ist nichts anderes als körperlich spürbare Energie und Lebenskraft, die sich als ein klares Ja oder ein klares Nein zeigt. Die Traurigkeit führt in allen ihren Variationen zur Verbundenheit mit mir und meinem Gegenüber; man kann sie auch Innigkeit nennen. Die Angst ist bei genauerer Betrachtung der wichtigste Informationsträger, den wir haben sowie der Motor von Lebendigkeit und Kreativität. Freude ist nichts anderes als bis in die Körperempfindung hinein wahrnehmbare Inspiration und Lebendigkeit.

Allein durch die Begrifflichkeiten und deren übliche Bedeutung, die in unserer Kultur ständig mitschwingt, neigen wir dazu, diese Gefühle zu bewerten. Die ersten drei genannten gelten häufig als negativ bis hin zu schlecht, das vierte ist gut und soll möglichst durchgehend vorhanden sein.

Mit diesen vier Gefühlen ist es ein bisschen wie mit dem Wetter. Regen ist Regen, nicht schlecht. Sonne ist Sonne, nicht gut. Dennoch bewerten wir es ständig. Ist dir das schon einmal aufgefallen, wie häufig wir das Wetter als gut oder schlecht bewerten? Als wenn Regen irgendetwas schlechtes an sich hat oder Sonne besonders gut ist. Ja, angenehm und unangenehm, das passt schon eher.

Auf die Situation mit den Gefühlen bezogen neigen wir dazu, Wut, Traurigkeit und Angst als schlecht anzusehen. Wie oft habe ich das sogar im therapeutischen Kontext gehört, dass es darum geht, genau diese drei Gefühle loszuwerden, weil sie ja schließlich negativ und schlecht sind und die Tendenz dahin geht, möglichst nur Freude und Spaß zu haben. Wie beschränkt ist das denn bitteschön?! Natürlich ist ein warmer Sommertag meistens angenehmer als Regen. Aber beides gehört zusammen. Ohne Regen sehen wir hier verdammt alt aus auf der Erde. Schon nach kurzer Zeit würde das Leben erlöschen; es ist dann nicht mehr möglich. Ohne Wasser kein Leben. Da stellt sich nicht die Frage nach positiv oder negativ, sondern danach, ob es notwendig und sinnvoll ist.

Wut ist Wut, körperlich spürbare Lebenskraft. Nicht mehr und nicht weniger. Das ist absolut wertfrei. Das zu bewerten ist die Erfindung des menschlichen Geistes, der eben nicht spüren kann, sondern nur denken. Der Verstand braucht eine solche Kategorie, weil er die Qualität der Wut nicht spüren kann. Es macht Sinn, Gefühle zu fühlen und nicht zu denken. Oftmals erlebe ich aber genau das. Wenn ich meine Klienten, Probanden und Mentees frage, wie sie sich fühlen, kommt oft der Satz: „Ja, wie soll ich mich denn fühlen?" Sie denken fleißig nach, fühlen aber nicht. Kein Wunder, dass wir dann keinen Schritt vorankommen. Das geht einfach nicht, das ist so nicht möglich. Wenn ich ein

Gefühl wahrnehmen möchte, zeitgleich aber denke und darauf meine Aufmerksamkeit richte, dann werde ich das Gefühl nicht wahrnehmen. Das ist doch ganz einfach. Es ist aber leider genau das, was in unserer Kultur schon im Kleinkindesalter gefördert wird: denken statt fühlen. Es spricht nichts dagegen zu denken - aber bitte da, wo es hingehört. Wieder zurück zu den vier Gefühlen.

Mein Werte- und Normensystem beruhigte sich und ich lausche den Ausführungen des Seminarleiters sehr gespannt. Für mich wurde immer deutlicher, was er sagte. Auch die Unterscheidung zwischen Gefühlen und Emotionen faszinierte mich. Dass die Liebe kein Gefühl ist, sondern eine Haltung, passte genau in das, was ich über viele Jahre in meiner Arbeit und auch in meinem persönlichen Leben erlebt hatte. Viele Dinge, die für mich vorher diffus im Dunkeln lagen, wurden klar und durchsichtig. Mir fiel eine Schuppe nach der anderen von den Augen und ich bekam einen Einblick in unser affektives System, wie ich ihn nie zuvor hatte. Keines meiner medizinischen Lehrbücher hat die Dinge so präzise und klar auf den Punkt gebracht, wie diese Stunde in diesem Seminar. Diese Stunde veränderte nicht nur meine berufliche Arbeit, sondern meine gesamte Sichtweise auf Gefühle und Emotionen.

Mit dem Seminarleiter unterhielt ich mich mehrere Male über meine Erfahrungen. Nun lauschte er meinen Ausführungen und konnte noch einmal ganz wesentliche Punkte für sich herausnehmen, die für ihn neu waren. Es endete darin, dass er mir sagte, ich solle mit meinen Fähigkeiten, die ich schon erworben hatte, unbedingt nach Außen gehen und diese kundtun. Aus seiner Sicht habe ich Erfahrungen sammeln können, die kaum ein Mensch machen kann, weil eben genau dieser Bereich der emotionalen Grenzerfahrungen der Forensik für kaum jemanden zugänglich ist. Er meinte zu mir, ich solle mir auf die Stirn schreiben: Class is open – die Schulklasse ist eröffnet.

Wenige Tage später bekam ich von ihm eine Mail mit zahlreichen Anhängen, über die ich sehr erstaunt war. Bei genauerem Hinsehen hat er mir sämtliche Unterlagen zur Verfügung gestellt, um einen solchen Kurs abzuhalten, wie ich ihn wenige Tage zuvor bei ihm erlebt hatte. Er bat mich, all diese Informationen mit meinen zusammenzutragen und ein eigenes Trainingskonzept zu entwickeln - im Bereich der emotionalen Kompetenz und Souveränität. Er meinte, dass ich im praktischen Umgang mit diesen Dingen, die er lehrte, wesentlich erfahrener bin als er, weshalb er in dem Disput mit meiner ehemaligen Partnerin auch ausgestiegen ist und es einer Person überlassen hat, die aus seiner Sicht im Umgang mit Gefühlen erfahrener war. Seine Aufgabe sei die, Menschen das Bewusstsein über diese Dinge zu geben. Er sei kein Therapeut und kein Coach, sondern ein Lehrer.

In den folgenden Kapiteln möchte ich dir die vier Grundgefühle näherbringen und zeigen, was sie wirklich sind. Was ist Wut wirklich, wozu ist Traurigkeit fähig, warum ist die Angst so immens wichtig und die Freude nicht der Weisheit letzter Schluss? Lass dich auf diese Reise ein. Du hast mein volles Mitgefühl, wenn du ab jetzt glaubst, der Asshoff ist völlig durchgeknallt. Nein, ist er nicht. Ich war nur in der Lage, meine Nerven zu behalten, als ich Dinge gehört habe, die für mich völlig neu waren und das bis dahin Gelernte umfassend infrage gestellt haben. Wundere dich also nicht, wenn du jetzt Dinge erfährst, die sich am Anfang vielleicht anfühlen, als würde dein Fell gegen den Strich gebürstet. Wird es ja im übertragenen Sinne auch. Es wird einiges herausgekämmt, was mit der Realität nicht übereinstimmt. Zum Beispiel die Wertigkeit von Gefühlen. Sie existiert einfach nicht. Das ist eine pure Erfindung des menschlichen Verstandes, mehr nicht.

Ich wünsche dir bei den folgenden Kapiteln tiefe Erkenntnisse und einen guten Kontakt mit der Realität.

Zunächst möchte ich auf die vier Grundgefühle eingehen – und das, was sie eigentlich sind.

6. Wut

Die Wut hat in unserer Kultur eine ausgesprochen schlechte Lobby. Sie wird durchweg abgelehnt und als negativ betrachtet. Sie darf nicht sein, hat keinen Platz in und zwischen uns.

Schon als Kind lernen wir, dass Wut etwas destruktives ist, dass sie verletzt, unangemessen und aggressiv ist. Sie wird uns als schlechter Berater verkauft, der unüberlegt und gefährlich ist, dazu noch impulsiv selbstzerstörerische Elemente hat, beschämend ist und zu Kontrollverlust führt. Sie wird als disziplinlos und nicht gesellschaftsfähig bezeichnet. Hier folgt eine Flipchart-Auszug über Überzeugungen, die wir lernen, warum es nicht OK ist, Wut zu fühlen:

Flipchart aus einem Seminar

Wenn wir uns diese Überzeugungen zum Thema Wut anschauen, ist es kein Wunder, dass sie sich bei vielen Menschen aufstaut und nicht in konstruktive Energie umgesetzt wird.

Wenn wir uns die Wut genauer betrachten, werden wir entdecken, dass Wut nichts anderes ist als Lebenskraft, die bis in den Körper hinein spürbar ist.

Wenn das der Fall ist, wovon ich aus meiner persönlichen und insbesondere beruflichen Erfahrung zutiefst überzeugt bin, ist die Wut bei genauer Betrachtung gar nicht schlecht und negativ, wie häufig angenommen wird.

Hier wieder ein Flipchart-Auszug aus einer Ausbildungsgruppe mit Ideen, wozu es gut sein kann, Wut als Kraft zu fühlen:

Flipchart aus einem Seminar

Vitalität und Lebendigkeit drücken sich auch auf körperlicher Ebene aus – durch inneren Antrieb, Bewegungsdrang, Ausdruckswille und ähnliches. Bereits als Kinder lernen wir, unsere Lebendigkeit zu kanalisieren und nicht frei fließen zu lassen. In unserer Gesellschaft sind voll lebendige, vitale Menschen mit eigener Meinungsbildung, freier Lebensführung und Selbstbestimmung nicht gerne gesehen oder zumindest suspekt.

Bereits bei der Geburtsanmeldung meines jüngeren Sohnes bei der Gemeinde fiel im Zusammenhang mit seiner Registrierung gleich der Hinweis, dass er mal ein treuer Staatsbürger werden soll und deswegen auch frühzeitig registriert werden muss. Nein! Nicht primär treuer Staatsbürger, sondern vitaler Mensch darf er werden, durchaus mit hoher sozialer Kompetenz und Gemeinschaftssinn.

Wer seine Vitalität frei entfalten kann, wird keine destruktive Wut aufbauen. Das ist eine weitere Erkenntnis, die ich über die Wut gewonnen habe. Betrachten wir die Wut einmal genauer:

Es gibt viele Abstufungen dieses Gefühls. Sie reicht von geringem Antrieb bis zu rasender Zerstörung. Die Kraft, die dahinter steckt, ist nicht das Problem, sondern deren Handhabung.

Wenn wir diese Kraft unterdrücken und festhalten, baut sie sich immer weiter auf, bis sie irgendwann durchbricht. Dann kann sie in der Tat sehr destruktiv werden. Das habe ich in meiner Tätigkeit als Gerichtsgutachter bei vielen Straftätern beobachten können. Den aggressiven Durchbrüchen, die ich zu begutachten hatte, lag durchweg eine aufgestaute Vitalität zugrunde. Diese Menschen haben nicht gelernt, sich zu entfalten und ihr eigenes Leben zu leben. Als genau zur falschen Zeit die falsche Person am falschen Ort war, ging es rund.

Beim Kern der Wut geht es darum zu erkennen, dass dahinter einfach nur Lebensenergie steckt, die leben will. Wenn ich wütend bin, dann drängt es mich – entweder dazu, etwas zu beginnen oder aber etwas zu beenden.

So kann ich meine Wut nutzen, um ein Projekt voranzutreiben, einen Vortrag auszuarbeiten, eine Reise zu unternehmen, ein schwieriges Gespräch anzugehen oder eine lange Wanderung zu machen. Für all das brauche ich meine Energie.

„Wut" in der gängigen Bedeutung ist dann auch nicht mehr der passende Ausdruck. Nennen wir es lieber Lebenskraft, das passt dann besser.

Genauso gut kann ich meine Kraft nutzen, Dinge zu beenden, klare Grenzen zu ziehen, mitzuteilen, dass etwas nicht geht und ich es nicht will. Und das mit der erforderlichen Energie – ohne, dass es destruktiv werden muss.

Ich kann mich noch genau an den Tag erinnern, an dem ich in ein Geschäft gegangen bin, das landwirtschaftliche Artikel vertreibt. Ich nenne diesen Laden gerne Männer-Boutique. Dort gibt es alles, was man(n) so braucht: Motoröl, Kettensägen, Schrauben in loser Form und in Packungen, Schläuche, Dachrinnen, Maurer- und Sanitärartikel, Kabel als Meterware, Schalter und Steckdosen, Gummischuhe für draußen und natürlich alles nur erdenkliche Werkzeug.

Ich brauchte Schrauben in der Größe 3,5 mm, am besten 30 mm lang; in dem Laden überhaupt kein Problem. Also bin ich hingegangen und stand vor diesem Fach. Dann habe ich mich gefragt, wie das hier im Laden üblich ist, 100 Schrauben abzumessen. Bei manchen muss man zählen, manche machen das nach Gewicht. Also fragte ich einen Mitarbeiter, wie ich hier am besten 100 Schrauben abmesse.

Dann ging es los: Der Mitarbeiter schaute mich schräg von unten an (er war etwas kleiner als ich) und sagte mit arroganter Mine: „Da haben die Leute studiert und haben einen Doktortitel und können nicht mal einen einfachen Dreisatz. Das machen wir jetzt mal ganz einfach: Da nimmt man zehn Schrauben (er legte zehn Schrauben auf die Waagschale), schreibt sich das Gewicht auf, multipliziert mal zehn und schon hat man das Gewicht von 100 Schrauben!"

Ich dachte, ich höre nicht richtig. Dann spürte ich körperlich, dass meine Faust unbedingt seinen Nasenrücken massieren wollte. Natürlich habe ich das nicht gemacht und meine Faust in der Tasche gelassen. Ich merkte aber, wie eine unsägliche Energie von Wut und Verärgerung in mir aufstieg. Aus einem Reflex heraus hätte ich ihn am liebsten zusammengefaltet oder wäre zum Chef gegangen, von dem ich wusste, wo er gerade Artikel einsortierte, um mich bei ihm bitterlich über seinen Angestellten zu beschweren. Dann wurde mir klar, dass dieser Mitarbeiter (vielleicht auch unbewusst) genau das vorhatte. Er wollte sich mit mir reiben und sich wie an meiner Energie wärmen.

Ich traf mit meiner Wut-Kraft die klare Entscheidung: Du bekommst meine Energie nicht! Damit ging das Spiel in die nächste Runde. Er füllte mir 100 Schrauben im Maß 3,5 × 30 mm ab, schrieb demonstrativ mit einem dicken Filzstift in großen Zahlen das Maß auf einen kleinen Karton und wollte mir den Karton kraftvoll in die Hände drücken. Dann sagte ich zu ihm: „Ach, ich nehme doch lieber die 35er Länge."

Jetzt war er kurz vor dem Platzen, nahm seinen Stift, strich mit großen, ausladenden Bewegungen und einem zutiefst vorwurfsvollen Blick das aufgeschriebene Maß wieder durch und korrigierte es auf 3,5 × 35 mm. Dann wechselte er die Schrauben, wog mir wieder 100 Stück ab und drückte mir anschließend den Karton mit einer festen, schon aggressiven Bewegung in die Hände.

Meine Energie war immer noch körperlich sehr stark zu spüren und ich hätte ihm am liebsten immer noch eine reingehauen. Mir war aber die ganze Zeit klar, welches Spiel hier läuft – und dass ich nicht dabei bin. Er bekommt meine Energie definitiv nicht! No go, no way! Ich bin dann noch ein wenig in dem Laden herumgelaufen, habe noch zwei oder drei Artikel zusammengesucht, bezahlt und bin dann wutschnaubend raus, wie eine Dampflokomotive, die gerade erst richtig in Fahrt kommt.

Meine Wut-Energie habe ich ganz bewusst gehalten und nicht ausagiert. Dieses Ereignis war morgens gegen 10:30 Uhr. Am Abend, als ich zum Essen verabredet war, war diese kraftvolle Energie in mir immer noch zu spüren. Mein Gegenüber hat mir an dem Abend aus freien Stücken gesagt, dass ich einen sehr kraftvollen und klaren Eindruck mache. Damit hatte ich noch einmal die Bestätigung, dass mein Umgang mit meiner Wut offensichtlich gut und sinnvoll war – und vor allem ohne von diesem Ereignis erzählt zu haben.

Gelegentlich bin ich in dieser Männer-Boutique und kaufe wieder ein. Oftmals treffe ich auch diesen Mitarbeiter, der mich offenbar gefressen hat wie einen Sack Sülze (so sagen wir das im Ruhrgebiet). Manchmal frage ich mich, ob ich nicht einfach noch mal 100 Schrauben kaufe und ihn frage, wie das noch mal war mit dem Abwiegen. Aber das wäre nur wieder sein Spiel, auf das ich einsteige. Diesbezüglich habe ich entschieden, nicht dabei zu sein. Solch einen destruktiven Sch...abernack brauche ich nicht. Es ist aber sehr interessant zu sehen, wie dieser Mitarbeiter chronisch akut angenervt durch den Laden läuft und sich auch anderen Kunden gegenüber so benimmt. Es wundert mich, dass der Chef ihn noch nicht rausgeschmissen hat. Aber das ist deren Spiel und nicht meines.

2004 stand für mich eine wichtige berufliche Entscheidung an, als ich merkte, dass meine Zeit in der Rechtsmedizin zu Ende geht. Auf der Karriereleiter bin ich ziemlich weit oben angekommen und hatte ausgesorgt: unbefristeter Vertrag, satte Nebeneinnahmen, gutes Gehalt und eine sehr gute berufliche Perspektive. Dennoch war das alles für mich ziemlich tot und es hat mich nicht mehr gereizt. Ich habe gemerkt, dass es mich woanders hinzieht, in die Tätigkeit als Gutachter. Dafür war es sinnvoll, noch eine weitere Facharztausbildung im Fachgebiet Psychiatrie und Psychotherapie zu machen. Aus objektiver Sicht ziemlich bescheuert, subjektiv gesehen wie unausweichlich notwendig.

Natürlich hatte ich innere Kämpfe zu fechten, mich aus diesem sicheren Terrain herauszubewegen in die völlige Unklarheit, ob mein Plan auch gelingen wird. Ich habe genau gespürt, wo es lang geht und wo es nicht weitergeht. Aus der üblichen Sicht heraus wäre ich geblieben und hätte brav meinen Job weiter gemacht. Irgendwie wäre das auch gegangen; ich hätte aber auf Dauer sicherlich einen hohen Preis dafür bezahlt. Also habe ich wieder in mich hineingespürt und gemerkt, wie Klarheit und Ausrichtung in mir aufstiegen. So etwas wie eine konstruktive Wut-Kraft.

Als ich meine Entscheidung bekannt gegeben habe, aus der Rechtsmedizin auszusteigen, meine Stelle aufzugeben und erst einmal ein paar Monate Pause zu machen, hagelte es nur so sogenannte gute Ratschläge. Du kannst doch nicht ... - doch, kann ich! Aber dann lässt du ja alles hinter dir, was du dir arbeitet hast ... - ja, genau darum geht es! Du wirst doch nicht ... - doch, genau das werde ich! Du bist doch verrückt ... - genau, ich *ver*-rücke mich gerade an eine andere Stelle!

Ich brauchte die Wut-Kraft in mir, um mich aus diesen festen Strukturen herauszunehmen. Leicht war das nicht. Ohne die Wut präsent zu haben und wirklich für mich nutzen zu können, hätte ich diesen Schritt nicht gemacht. Ich wäre dort geblieben, hätte weiter Karriere gemacht und wäre früher oder später zumindest persönlich irgendwann gescheitert und gestrandet.

Ich weiß auch noch genau, dass ich wenige Tage nach der schriftlichen Kündigung, des point of no return, nachts gegen 1:30 Uhr schweißgebadet aufwachte und eine tiefe Angst und Panik in mir spürte. Ich hatte kurz den Eindruck, einen Riesenfehler gemacht zu haben. In meiner inneren Not versuchte ich, telefonisch mehrere Freunde zu erreichen, von denen jedoch keiner ans Telefon ging. Dann war mir klar: Die Lektion heißt, dieses Gefühl zu nehmen und durchgehen zu lassen. Also atmete ich mich durch die Angst hindurch und innerhalb von 20 bis maximal 30 Minuten war die Messe gelesen.

Danach durchströmte mich ein Wohlgefühl, wie ich es in meinem Leben nur selten gespürt habe. Ich war mir absolut klar und sicher, dass diese Entscheidung, die ich getroffen hatte, für mich genau passend ist. Seit diesem Zeitpunkt hatte ich keinen einzigen Moment mehr Zweifel daran, die für mich richtige Entscheidung getroffen zu haben.

Für diese Entscheidung brauchte ich die Kompetenz genau dieser beiden Gefühle: Wut und Angst. Die Angst hat mir klargemacht, dass ich in diesem Fachgebiet irgendwann vor die Wand fahren werde und sehr genau aufpassen soll, was ich hier mache. Die Wut hat mir ermöglicht, mich aus diesem Geflecht normativer Gedanken und guter Ratschläge herauszulösen.

Ein drittes Beispiel möchte ich noch anfügen. Vor einigen Jahren befand ich mich in einer Beziehung, die sich im Nachhinein als sehr toxisch herausgestellt hat. Selbst als Profi ist es mir schwer gefallen, diese destruktiven Anteile genau zu erkennen. Natürlich habe ich versucht, den Karren aus dem Dreck zu ziehen und die Situation bzw. die Beziehung zu retten. Es war aber relativ früh klar, dass mit einer narzisstisch strukturierten Person nichts zu gewinnen ist. Irgendwann war ich dann so weit, eine klare Entscheidung zu treffen, jedwede Bemühungen in diese Richtung aufzugeben, mich um 180° zu drehen, alles hinter mir zu lassen und wieder nach vorne zu schauen. Für mich war es ein sehr schmerzlicher Prozess, weil mich diese Beziehung mit meinem tiefsten Beziehungsschmerz aus der frühesten Kindheit in Kontakt gebracht hat. Zum Glück war mir das relativ früh klar und ich habe über acht Wochen jeden Morgen die dynamische Meditation von Osho gemacht mit anschließender Wutarbeit.

Mir war klar, dass ich diesen Kontakt abbrechen muss. Und nicht nur das, sondern noch einen Schritt weiter gehen muss: nämlich eine zu erwartende Kontaktaufnahme vollständig zu unterbinden und dafür zu sorgen, dass ich nicht mehr erreichbar bin. Also habe ich mich nach eingehender Überlegung dazu entschlossen, die Telefonnummer zu sperren, so dass ich über die üblichen Messenger nicht mehr erreichbar war. Damit aber nicht genug: Auch die Möglichkeit, mich anzurufen, habe ich gesperrt und sämtliche E-Mail-Adressen, die sie hätte nutzen können, so eingerichtet, dass Nachrichten von ihr automatisch gelöscht werden. Ich habe also noch nicht einmal mitbekommen, ob ein Kontaktversuch stattgefunden hat. Auch die beiden Personen, mit denen ich in Kontakt bin und die sie kennen, habe ich gebeten, mir nichts mehr über sie mitzuteilen; auch nicht für den Fall, dass sie psychisch dekompensiert, was nur eine Frage der Zeit war, bis das passieren wird.

Meine Wut-Kraft habe ich dazu genutzt, eine absolut klare und unmissverständliche Grenze zu ziehen, die nicht überschritten werden kann. Selbst den Versuch werde ich nicht einmal mitbekommen. So viel Schutz war nötig, um mich aus dem Feld von narzisstischer Destruktivität herauszuhalten. Wer das jetzt für zu radikal hält, beschäftige sich einmal mit der Destruktivität des Narzissmus' und den notwendigen Schritten des Selbstschutzes.

Wie das Leben so spielt, kam es natürlich doch noch zu einer Begegnung, als ich wieder einmal in der Stadt war, in der sie arbeitet. Als ich sah, dass sie in meine Richtung lief, habe ich einen mehrere Meter großen Bogen gemacht, so dass absolut klar war, dass hier kein Gesprächsbedarf und auch keine Bereitschaft dazu besteht. Außer einem kurzen Hallo habe ich nichts weiter erwidert und bin weiter gegangen. Angenehm war das nicht, aber absolut notwendig, um die Tür nicht einmal mehr einen Spalt weit aufzumachen, um wieder in dieses destruktive Spiel von Nettigkeit mit sich anschließender massiver Abwertung einzusteigen. Als ich dann noch mitbekam, dass sie mit einer Freundin den Spa-Bereich des Hotels nutzen möchte an einem der Tage, als ich dort untergebracht war, habe ich dort ausgecheckt und das Hotel gewechselt. Das hört sich alles ziemlich hart an, war's auch. Es war aber auch unumgänglich, mich aus diesem destruktiven Spiel, das sie mit mir gespielt hat, herauszunehmen. Völlig egal, ob sie das absichtlich gemacht hat oder nicht anders konnte. Zerstörerisch ist zerstörerisch. Ich habe für mich gesorgt und nicht weiter mitgespielt.

In meinen Ausbildungskursen habe ich immer wieder erlebt, wie schwer es Menschen fällt, ihre innere Wut wahrzunehmen und auszudrücken. Es geht nicht um Zerstörung, sondern darum, die eigene Kraft voll und ganz zu spüren und für klare Entscheidungen zu nutzen – sowohl für ein klares Ja als auch ein klares Nein. Das bringt eine enorme Kraft und Freiheit in das eigene Leben.

Jedes Mal, wenn ich mich für die Belange meiner Klienten einsetze, brauche ich diese Kraft und Energie. In der Arbeit mit ihnen gibt es immer wieder Situationen, die mir sehr viel Klarheit, Entschiedenheit und Durchhaltevermögen abverlangen. Dafür brauche ich meine Wut-Kraft. Ansonsten würde ich in ein nettes Gespräch abdriften und den Weg in die Lösung verpassen.

Diese Wut-Kraft brauchen wir, um Klarheit über etwas zu erlangen, Entscheidungen zu treffen, weitere Kraft zu schöpfen, in Aktion zu gehen, loszulassen, freiheitlich zu leben, präsent zu sein, Grenzen zu setzen, um uns stark und lebendig zu fühlen. Du siehst also, dass Wut an sich nicht schlecht oder negativ ist.

Ohne diese Kraft bleibt es bei der Idee, dem Wunsch, der Vision. Vielleicht bekommst du noch einen konkreten Plan hin. Mit der Umsetzung wird es spätestens ab den ersten Hindernissen und Schwierigkeiten nicht mehr weitergehen.

Deswegen hat die Verdrängung der Wut und die Bewertung als negativ, schlecht und destruktiv auch eine Art politische Größe. Jemand, der diese Kraft zur Verfügung hat, ist nicht mehr so leicht manipulierbar und lenkbar. Diese Person kann eigene Entscheidungen treffen und diese auch umsetzen. Machtmenschen wollen genau das nicht, dass andere das können. Deswegen ist es dort sehr willkommen, die Wut schlecht zu reden und den Menschen auszutreiben.

Wut ist Wut, das ist das einzige, was zur Wut wirklich stimmt. Alles andere ist eine Bewertung, die letztlich willkürlich ist.

Mache dir bewusst, dass deine innere Kraft nur dann zur Wut mit der typischen negativen Konnotation wird, wenn du diese Kraft in dir nicht wahrnimmst und handhabst.

Damit sind wir an einem ganz entscheidenden Punkt, der den Umgang mit Gefühlen angeht.

Es geht nämlich nicht darum, Gefühle zu kontrollieren, in den Griff zu kriegen oder erst gar nicht zuzulassen, sondern genau um das Gegenteil.

Es geht darum, ein Gefühl in der vollen Intensität wahrzunehmen und zu spüren, bis in den Körper hinein. Dann kann ich eine bewusste und verantwortliche Entscheidung treffen, wie ich mit der Energie und der Information umgehe, die mir dieses Gefühl zur Verfügung stellt.

Durch die Verdrängung eines Gefühls, insbesondere der Wut, agiert dieses dann im Untergrund und bricht irgendwann destruktiv und in primitiver Form wieder durch. Dann haben wir genau die Schädlichkeit, die der Wut per se angeheftet wird. Wir leiden nicht an einem Gefühl, sondern immer nur an dem vermeidenden Umgang damit.

Zum Abschluss möchte ich dir noch aufzeigen, was geschieht, wenn die Wut nicht sein darf, wenn sie unterdrückt und verdrängt wird. Kürzlich habe ich mein Register der Fälle durchgeblättert, die ich für ein Strafgericht begutachtet habe, um nach einem passenden Fall für eine Podcastfolge zu suchen. Dabei ist mir aufgefallen, dass der weitaus größte Teil dieser Personen, überwiegend waren es Männer, ein erhebliches Problem im Umgang mit dem Gefühl Wut hatten und des

Öfteren genau deswegen straffällig wurden; soweit muss es aber nicht unbedingt kommen.

Wie geht es einer Person, die ihre Wut, ihre Kraft nicht zur Verfügung hat, sie verdrängt und nicht hochkommen lässt. Die Folge ist Antriebsschwäche, Motivationsmangel, mangelnde Ausrichtung, Interessenlosigkeit, etc. Genau diese Symptomatik haben Personen, die depressiv sind. De-pressere – der sich und andere niederdrückende Mensch ist eine schöne Beschreibung der Depression in einem psychiatrischen Lehrbuch, das psychische Störungen in ihrer psychischen Landschaft beschreibt. Personen, die ihre Wut unterdrücken, drücken auch ihre Lebenskraft und automatisch die anderer nieder. Sie sind nieder-gedrückt.

In meiner täglichen Arbeit erlebe ich immer wieder, dass Personen mit einer depressiven Erkrankung ihre Wut unterdrücken. Es war in ihrer Kindheit verboten; es durfte nicht sein. Deren Überzeugungssystem hat auch im weiteren Leben dazu geführt, dass sie nicht wütend werden. D. h. nicht, dass man immer wütend werden soll und es ausagieren muss. Es geht vielmehr darum, dieses Gefühl in sich zu spüren, die aufkeimende Kraft in sich wahrzunehmen und dann sozial verträglich zu lenken. Das können depressive Personen nicht mehr.

Bei der Depression kommt übrigens noch der unzureichende Zugang zu einem weiteren Gefühl, der Traurigkeit, hinzu, worauf ich später noch eingehen werde.

Kennst du den Satz: „Das habe ich dir doch gesagt." Wie oft hast du den Satz in deinem Leben schon gesagt oder gehört? Schau dir die Situationen noch einmal genau an, als du das gesagt oder gehört hast. Wahrscheinlich gab es zuvor ein Ereignis, wo du nicht richtig gehört wurdest oder aber du deine Ansicht nicht klar genug ausgedrückt hast, wo du deine Kraft nicht genutzt hast, um deine Sichtweise kundzutun. Wenn es dann später schief gelaufen ist, dann legst du noch einmal nach und drückst die noch verbliebene Wut genau in diesem Satz aus. Sehr prägnant habe ich aufgestaute Wut bei einem jungen Mann erlebt, den ich einmal begutachtet habe. In seinem Elternhaus wurde er zum einen sehr verwöhnt. Andererseits war insbesondere der Vater für ihn jedoch nur wenig präsent, was männliche Jugendliche regelmäßig bis zur Weißglut treibt. Dieser Mann wuchs in einem Umfeld auf, in dem es üblich war, brav zu sein, die Hausaufgaben zu machen, keine Scherereien zu machen, nicht aufzufallen, immer lieb, nett und brav zu sein. Seine Wut auf diesen Sch...laden, in dem seine Bedürfnisse überhaupt nicht gesehen wurden und er sich auch nicht ausdrücken konnte, stauten sich im Laufe der Jahre immer weiter auf.

Er ging später eine Partnerschaft mit einer Frau ein, die einen neunjährigen Sohn mit in die Beziehung gebracht hat. Entsprechend seiner Erziehung verhielt er sich freundlich und zugewandt, insbesondere auch dem Jungen gegenüber. Er unternahm viel mit ihm, kümmerte sich rührend um ihn und war ein wirklich guter Bonus-Papa, wie der bekannte Pädagoge und Autor Jesper Juul Männer in einer Patchworkfamilie oft bezeichnete.

Irgendwann war bei ihm der emotionale Kessel so voll und der Druck so hoch, dass er unter Alkoholeinwirkung relativ geringen Ausmaßes die ganze gegen seinen Vater aufgestaute Wut unbewusst gegen seinen Stiefsohn richtete. Es kam zu gewalttätigen Übergriffen, teils auch mit sexualisiertem Inhalt. Der Junge wurde geschlagen, eiskalt abgeduscht, musste sich nackt ausziehen, um dann auch am Genital geschlagen zu werden. Unmittelbar vor und nach diesen Übergriffen verhielt sich dieser Mann jedoch besonders freundlich und zugewandt diesem Jungen gegenüber, was den Jungen im Nachhinein zusätzlich schwer irritierte und das Vertrauen in diesen Mann vollständig zerstörte.

In den stundenlangen Gesprächen, die ich mit diesem Mann im Rahmen der strafrechtlichen Begutachtung führte, wurde deutlich und sehr klar spürbar, dass diese Übergriffe aus der aufgestauten Wut auf seinen Vater gespeist wurden. Durch den aufmerksamen Kontakt zu diesem Jungen reinszenierte dieser Mann unbewusst seine eigene Vatererfahrung, indem er sich dem Jungen so zuwandte, wie er es von seinem Vater nicht erlebt, sich jedoch immer gewünscht hatte. Er hatte sich nämlich vorgenommen, in dieser Beziehung auf keinen Fall so zu sein, wie sein Vater – und wurde noch viel schlimmer als dieser.

Im Rahmen dieser Reinszenierung kam es dann auch zu einer Reaktualisierung des in seiner Kindheit erlittenen Schmerzes und auch der Wut auf seinen Vater, die er als Kind nie hat ausdrücken können. Kein Kind beißt die Hand, die es füttert. Das geht einfach nicht. Es bleibt nur die Unterdrückung, wenn diese Verärgerung keinen Ausdruck finden kann. Verärgerung und Wut waren in seinem Umfeld absolut tabu. Schließlich war er ja ein braver Junge und guter Schüler. Diese tiefgreifende schmerzliche Emotion brach in den Tatgeschehen raptusartig über ihn herein. Er konnte sie nur schwer steuern; durch die alkoholbedingte Enthemmung kam es zu den tätlichen Übergriffen. Diese Beeinträchtigung war so tiefgreifend, dass die Kammer des zuständigen Landgerichts ihm eine erhebliche Verminderung der Steuerungsfähigkeit zugestand, da er sich zu den Tatzeitpunkten jeweils in einem psychosenahen Zustand befand.

Ich kann mich noch sehr gut an den Tag erinnern, als ich mit meiner Wut das erste Mal richtig in Kontakt gekommen bin. Das ist schon gut 20 Jahre her, dass ich im Nachgang an ein für mich sehr intensives und lehrreiches Seminar mit der Seminarleiterin noch eine Einzelsitzung gemacht habe, weil ich mich damals privat in einer sehr schwierigen Situation befand. In dieser Einzelsitzung teilte mir die Mentorin mit, dass sie den Eindruck hat, dass ich ein Thema mit meinem Vater habe, das noch nicht aufgelöst ist. Ich erwiderte sogleich, dass, wenn überhaupt, das Problem im Kontakt mit meiner Mutter liegt, aber nicht mit meinem Vater; da sei alles im Reinen. Diese sehr erfahrene Frau sagte daraufhin nur: „Ah, dann lass uns mal mit deinem Vater arbeiten." Ich war etwas erstaunt und dachte, sie hat mich nicht gehört und erwiderte, dass es da nichts zu holen gibt und ich ggf. ein Problem mit meiner Mutter, aber nicht mit meinem Vater habe. Daraufhin erwiderte sie erneut: „Ah, dann lass uns mal mit deinem Vater arbeiten." Ich wurde richtig sauer und erwiderte noch einmal, dieses Mal aber etwas unfreundlicher, dass es da kein Problem gibt!

Sie lächelte mich nur freundlich an und sagte: „Ach so, wenn es da kein Problem gibt, dann können wir eine kleine Übung machen." Ich kannte diese Frau aus dem zehntägigen Seminar und habe sie als sehr erfahren und fast schon weise erlebt, sodass ich mich darauf einließ. Sie bat mich, dass vor mir auf dem Boden liegende Kissen mal als meinen Vater zu betrachten und ihm mitzuteilen, was mich an ihm ärgert. Ich gab an, dass das überhaupt kein Problem ist und wollte gerade anfangen loszumeckern. Ich konnte aber nicht. Es blieb mir im Hals stecken. Ich habe kein Wort mehr herausgebracht. Völlig erstaunt stand ich dort und bekam kein Wort über die Lippen. Ich war völlig überrascht über meine Reaktion und vor allem die Unfähigkeit, ein paar einfache Dinge auszudrücken. Das lag jedoch nicht an dieser künstlich geschaffenen Situation, sondern daran, dass ich innerlich gehemmt war, meinen Ärger auszudrücken. Das war in dem Moment völlig egal, für wen dieses Kissen dort Stellvertreter war. Ich konnte meinen Ärger einfach nicht ausdrücken, Punkt.

Es ist schon über 20 Jahre her, dass ich das erlebt habe und weiß nicht mehr genau, wie es in den nächsten ein bis zwei Tagen genau weiterging. Was ich noch weiß ist, dass ich wenige Tage später in meiner Wohnung saß und dieses Thema der aufgestauten Wut noch einmal in mir hoch kam. Es gab in mir einen starken inneren Kampf, einerseits meine Wut zu spüren, andererseits diese jedoch unbewusst zu unterdrücken. Das Ende vom Lied war, dass ich auf dem Boden lag und mich hundeelend fühlte. Ich weiß noch genau, dass ich im Wohnzimmer auf dem Boden lag und versuchte, ins Esszimmer zu gelangen, um dort das Telefon zu nehmen und einen Freund anzurufen. Über einen Zeitraum von ca. 1 Stunde war ich nicht in der Lage, bis zum Telefon zu kommen. Ich lag stocksteif auf dem Boden. Vermutlich hättest du mich unter den Arm klemmen und wie ein Surfbrett aus der Wohnung tragen können. Es ging einfach nicht. Meine Vitalität und Lebenskraft stockte vollständig.

Nach dieser Stunde brach es dann innerlich durch. Plötzlich konnte ich aufstehen und sagte mit kraftvoller Stimme in den Raum hinein: „Regel deinen Scheiß doch alleine! Lass mich in Ruhe mit deinem Scheiß!" und fügte noch ein paar ähnliche Sätze hinten dran. Von meiner verbalen Äußerung war ich selbst überrascht und habe mir selber so zugehört, wie eine umstehende Person es getan hätte, wenn eine da gewesen wäre. Es brach einfach so aus mir heraus. Ich bin noch einige Minuten durch die Wohnung gegangen – das Telefon spielte überhaupt keine Rolle mehr – und drückte meine Wut und meine Verärgerung darüber aus, dass mein Vater mir immer übergestülpt hat, bloß nicht zu fühlen, weil das gefährlich sein soll. Also habe ich das als Kind übernommen und bis zu diesem Tag auch so gemacht. Zwar unbewusst, aber sehr wirksam.

Genau in diesem Moment brach das durch, was die Mentorin wenige Tage zuvor bereits erkannt hatte. Sie kam an mich zwar nicht richtig heran, hatte diesen Prozess jedoch initiiert, von dem sie wusste, dass er in der nächsten Zeit von allein weiterlaufen wird. Sie wusste auch, dass ich in der Lage war, dieses Thema allein zu handhaben.

Weiterhin kann ich mich daran erinnern, dass ich an diesem Nachmittag auf der Couch meiner Wohnung gesessen, mich sehr wohl gefühlt und laut gelacht habe. Es war plötzlich glasklar für mich, dass ich bis zu diesem Tag die emotionale Hemmung und Zurückhaltung von Lebenskraft und Vitalität meines Vaters übernommen und in meinem Leben genauso angewandt hatte wie er. Meinen Vater habe ich nie als kraftvoll erlebt und schon gar nicht seine Meinung klar und deutlich äußernd. Er war immer unterdrückt und sein Lebensmotto war in erster Linie, mit niemandem zu keinem Preis auf der Welt irgendeinen Ärger zu bekommen. Dazu hat er uns Kindern immer wieder erzählt, dass Gefühle sehr gefährlich werden können und es besser ist, diese erst gar nicht zu haben. Das war sein Credo. Kein Wunder, dass er später herzkrank geworden ist. So ein Herz kann nur krank werden.

In der Folgezeit habe ich mir meine volle Lebenskraft und Vitalität wieder zurückgeholt. Unter anderem dadurch, dass ich achtsam, aber sehr bestimmt meine innere Verärgerung und Wut wahrgenommen und angemessen ausgedrückt habe. Hervorragend geeignet waren Autofahrten, in denen ich meiner Wut lautstark freien Lauf gelassen habe. Gut, dass mich in diesen Fahrten niemand angehalten hat. Das wäre keine glückliche Begegnung geworden. Bis heute noch sind Autofahrten für mich sehr gute Gelegenheiten, die Dinge auszudrücken, die sonst besser niemand hört. Das Ergebnis war, dass ich wieder in meine volle Kraft gekommen bin und es mit mir sowohl privat als auch beruflich bergauf ging.

So kam es dann, dass ich ca. zwei Jahre später von meinem damaligen Chef angesprochen wurde, ob ich mich in einem anderen Institut bewerben wollte. Dort werde ein Facharzt für Rechtsmedizin für eine Außenstelle gesucht.

Gerne fuhr ich dorthin zu der Bewerbung. Als ich dort saß, wurde sehr schnell klar, dass ich dort in einer Außenstelle verheizt werden sollte, die alles andere als attraktiv war. Als ich dessen gewahr wurde, habe ich einmal in die Runde geschaut und wusste genau, dass ich für dieses perfide Spiel nicht zur Verfügung stehe. Ich habe den drei anwesenden Herren des Bewerbungsausschusses auch sehr deutlich und unmissverständlich klar gemacht, was die Butter bei mir kostet und dass der Preis hier nicht stimmt. Ich stand auf, verließ den Raum und ging in Richtung Ausgangstür.

Kurz bevor ich die Tür aufgemacht habe, kam der Personalleiter der Klinik auf mich zu und bat mich, noch einmal zurückzukommen. Er schaute mich an und sagte zu mir: „Können sie sich vorstellen, das gesamte Institut zu übernehmen?" Ich war vollkommen konsterniert und habe mit allem gerechnet, jedoch nicht damit. Wenige Monate später habe ich in dem Institut angefangen, jedoch in einer viel höheren Position als ursprünglich vorgesehen. Später habe ich einmal mit diesem Personalchef darüber gesprochen und er sagte mir, dass in dem Moment, als ich mich so klar, kraftvoll und unmissverständlich ausgedrückt habe, diesen drei Männern sofort klar war, dass ich der richtige Mann für diese große Aufgabe war.

Ohne die Arbeit mit meiner Mentorin und den anschließenden Prozess der Rückführung in meine Kraft hätte ich diese Stelle niemals bekommen.

Dass ich später diese Stelle wieder aufgegeben habe, obwohl ich mit einem unbefristeten Vertrag und sattem Verdienst wirtschaftlich ausgesorgt hatte, war ebenfalls Folge der mir zur Verfügung stehenden Kraft und Lebendigkeit. Mir wurde nämlich eines Tages klar, dass ich hier nur noch den Rest meiner Tage gut funktionieren werde, sich meine Persönlichkeit jedoch nicht weiter entfalten kann. Also nutzte ich auch hier wieder die mir zur Verfügung stehende Klarheit, Entschiedenheit und Kraft, um dort zu kündigen und einen anderen, für mich sehr stimmigen Weg einzuschlagen. Diese Entscheidung habe ich nie bereut. Ganz im Gegenteil habe ich mir damit einen Weg ermöglicht, der mich heute genau hier sein lässt, wo ich jetzt bin.

Ein ganzes Buch könnte ich füllen mit Geschichten und Anekdoten darüber, was passiert, wenn man seine Kraft zurückhält und unterdrückt, aber auch zulässt und ausdrückt. Wenn du bei dir und in deiner Umgebung einmal schaust, kannst du wahrscheinlich genauso ein solches Buch schreiben – wie es in unserer Kultur üblich ist, seine Kraft nicht zu leben, sondern zu unterdrücken. Kein Wunder, dass wir so viele depressive Menschen in unserer Gesellschaft haben und es stetig mehr werden. Insbesondere bei Jugendlichen nimmt die Häufigkeit an depressiven Erkrankungen rapide zu. Jetzt kennst du einen wesentlichen Grund, warum das so ist – und brauchst diesen Weg nicht mitzugehen.

7. Traurigkeit - Die Autobahn ins Herz

Die Traurigkeit ist ein wundersames Ding.

Gerade war ich über die Brücke des kleinen Dorfes, in dem ich damals wohnte, gejoggt, als ich eine Wut in mir aufsteigen spürte. Sie sprudelte förmlich hoch, dass ich das nicht mehr wollte, keinen Bock mehr auf diesen Sch...abernack hatte. So geht es nicht, so will ich das nicht mehr. Ständig Angebote machen, kaum jemand meldet sich an, so viel Arbeit investieren, wenig Erfolg haben. Meine Angebote waren inhaltlich sehr gut und ich war stinksauer. Kein Gedanke half, dieses Gefühl zu ändern. Mir war klar, dass ich aussteige, das Trainingsprogramm wird abgeschafft, die Website abgestellt und ich werde mich wieder meiner Tätigkeit als Gutachter zuwenden. Schluss, aus die Maus, finito, das war's!

Dann wurde spürbar, dass diese Wut dazu diente, ein anderes Gefühl nicht hochkommen zu lassen. Die Wut hatte einen abwehrenden Charakter, der sich etwas anders anfühlt, als wenn die Wut primär aufsteigt. Also schüttelte ich mich einmal durch, lief weiter und schaute, welches Gefühl dahinter steht.

Und da war sie: die Traurigkeit – darüber, dass es nicht läuft, nicht funktioniert, vergebliche Mühe ist, niemand kommt, keine Sau Interesse daran hat, es umsonst ist, vergeblich, ich gescheitert bin. Da ich um den Wert der Traurigkeit wusste, ging ich ihr nach, gab ihr Raum, sich in mir auszubreiten. Das Laufen wurde langsamer, die Tränen flossen. Es wurde aber auch wieder warm im Bauch und ich spürte, dass ich dran war an dem Thema, um das es wirklich geht. Nämlich die innere Verbundenheit.

Ich fühlte plötzlich wieder, wie wertvoll das ist, was ich mache; wie wichtig es mir ist, dass ich auf dem für mich stimmigen Weg bin. Ich konnte diese innere Verbundenheit, die Innigkeit mit diesem Thema, sehr deutlich spüren. Die Wut war weg. Ich brauchte sie nicht meh, um mich vor der Traurigkeit zu schützen. Da gab es nichts zu schützen. Das war einfach eine alte Gewohnheit, der Traurigkeit mit Wut zu begegnen.

Innerhalb weniger Minuten dieses Zustandes von Verbundenheit und Innigkeit kam die Lösung des Problems wie von selbst.

Es war zu klein, das Angebot zu versteckt, der Name passte nicht mehr, sprach die falschen Leute an. Ich hatte mich weiterentwickelt in meinem Konzept; der äußere Rahmen passte nicht mehr. Deshalb hat es nicht funktioniert. Es muss eine neue Firmierung entstehen, ein neues Konzept, eine andere Außendarstellung, die viel klarer und kraftvoller ist und genau die Menschen anspricht, mit denen ich arbeiten kann und möchte.

Als das in mir aufstieg, wurde es warm in mir, der Lauf wurde leicht und beschwingt, die Freude kehrte dazu und füllte mich mit inniger Verbundenheit gänzlich aus. Die neue Firma war geboren – noch ohne Name, reines Gewahrsein, ohne Richtung, jedoch mit klarer Intention. Das war die Geburtsstunde von Dr. Asshoff Resulting®.

Wäre ich in der Wut geblieben, wäre ich so lange weiter gelaufen, bis ich sie nicht mehr spüre, sie abgeebbt ist. Dann hätte ich diese Erkenntnis nicht gehabt. Diese Verbundenheit mit meiner innersten Bestimmung wäre nicht zustande gekommen. Schon damals war ich sehr dankbar, hinter die Wut und auf die Traurigkeit geschaut zu haben. Und genau diesen Prozess habe ich in den letzten 12 Jahren, in denen ich so mit diesen Gefühlen umgehe, zig mal erlebt.

Auch bei der Traurigkeit haben wir gelernt, sie besser nicht zu haben. Wer ist schon gerne traurig, der Partyschreck, der Spielverderber und die Heulsuse. Niemand. Also sorgen wir dafür, dass wir sie besser nicht haben, am besten erst gar nicht spüren, wenn sie kommt. Inzwischen gibt es in der Psychiatrie schon den Gold-Standard (die zu empfehlende Therapiemethode erster Wahl), 14-jährigen Jugendlichen Medikamente zu geben, wenn sie über einen Zeitraum von länger als 14 Tagen eine subdepressive Stimmung, sprich Traurigkeit, zeigen. Das ist die Entwicklung in unserer Kultur. Absolut fatal.

Die Traurigkeit erlebt ein ähnliches Schicksal wie die Wut und die Angst. Auch sie hat keinen Platz in unserem Leben, soll nicht sein, darf nicht sein.

Eine weitere Begebenheit fällt mir ein. Meine ehemalige Partnerin und ich hatten ein sehr gutes freundschaftliches Verhältnis zu einer Frau aus unserem Dorf, was, zugegebenermaßen, manchmal auch etwas schwierig war in unserem Dreieck. Es gab eine Weile von über einem Jahr dann keinen Kontakt mehr – bis zu dem Tag, als wir von ihrer schweren Erkrankung erfuhren.

Ja, es gab die Möglichkeit, es bei der Kontaktsperre zu belassen. Jeder ist verantwortlich für sein eigenes Leben und seine eigene Situation. Ich wusste genau: Wenn ich die Tür wieder aufmache, dann wird es schwierig. Es war schon recht früh abzusehen, dass der Tod die wahrscheinlichere der beiden Varianten des weiteren Fortschreitens der Erkrankung war.

Es fing eine anspruchsvolle Zeit an: dem Tod ins Auge schauen, der Unausweichlichkeit begegnen – und zeitgleich das Herz wieder aufmachen für die Verbindung, die dort Wirklichkeit war.

Die Traurigkeit über das, was vermutlich kommen wird, machte genau diese schöne Verbindung aus. Vieles konnte noch gesagt und besprochen werden, ins Reine kommen. Also stellten wir uns all den Gefühlen, die da kamen, insbesondere der Traurigkeit.

Es war ihr Wunsch, bei uns zu sein – noch einmal auf dem Auenhof zu leben, wenn auch nur für kurze Zeit. Deswegen holten wir sie zu uns, mit dem, was ihr wichtig war: Matratze und Bettgestell oben aufs Auto, in den Kofferraum die wichtigsten Dinge, einmal quer durchs Dorf.

Ja, es wird eine schwierige Zeit werden, mit engen Freunden 24 Stunden präsent zu sein, sie zu begleiten, alles hautnah mitzubekommen, die Freude der Begegnung, die Verzweiflung über das Unausweichliche, der Schmerz, die Behandlung, das nächtliche Wachen, die Gespräche unter den Freunden, der Kontakt mit den Angehörigen.

Und immer wieder war da die Traurigkeit, die Verbindung nach innen, mit dem, was wirklich ist, mit dem Herz der Dinge zu sein. Es gibt Erlösung und Erleuchtung, aber kein Entkommen. Das wurde sehr deutlich.

Genau in dieser Qualität lag das Erleichternde, durch die Traurigkeit hindurch gehen, sie durchgehen lassen, nicht festhalten, nicht verdrängen, sondern voll und ganz zulassen, sie ihren Herzensjob machen lassen.

So waren die letzten Tage und Stunden sehr berührend, innerlich verbindend, voller Liebe und Zugewandtheit – bis sie dann am Pfingstsonntag morgen an den Rücken meiner singenden Partnerin gelehnt starb.

Eine riesige Welle unfassbarer Traurigkeit durchflutete uns – die zeitgleich die innere Verbindung zu ihr ganz tief im Herzen spürbar machte. In dieser schmerzlichen Berührtheit war etwas Stimmiges zu fühlen. Schön war es nicht, aber stimmig. Dieses Gefühl ist nicht erklärbar, es war einfach da. Ich war versöhnt mit dem, was passiert war. Mit dem Durchlassen der Traurigkeit verlor es den Schrecken. Der reine Schmerz war spürbar, der sich durch die tiefe Annahme auflöste.

Eine Freundin veranlasste das Läuten der Totenglocke der Dorfkirche. Die Verstorbene war die Leiterin des Kindergartens gewesen und im ganzen Dorf bekannt. Das Läuten der Glocke ließ das Dorf teilhaben, auch wenn einige nicht wussten, um wen es konkret geht. Es war für alle spürbar, dass soeben jemand gestorben war, die eine Bedeutung für das Dorf hatte, die jeder kannte und sehr schätzte. Noch jetzt beim Schreiben fließen die Tränen, kommt das tiefe Berührtsein wieder hoch, ist die Verbundenheit im Herz zu spüren.

Auch jetzt hilft das Durchgehenlassen, die dahinterliegende Liebe zwischen uns und der wahren Herzensverbindung zu spüren.

Mein damals sechsjähriger Sohn hat das alles die ganzen Tage voll und ganz miterlebt, konnte spüren, wie es geht, mit der Traurigkeit umzugehen und hat es auf seine Art mitgetragen. Er hat sich einen Tag vor dem Tod noch von ihr verabschiedet, wissend, dass er sie nicht mehr lebend sehen wird, seine über alles geliebte Lieblingserzieherin, wie er sie oft nannte. Er wollte dabei sein, hatte keinerlei Tendenz zu fliehen. Selbst bei der Einsargung wollte er dabei sein und schaute zusammen mit dem 9-jährigen Neffen der Gestorbenen genau hin.

Es war schön und berührend zu sehen, wie ein kleiner Junge auf seine ganz eigene Art mit der Traurigkeit umgeht, von den Erwachsenen in der Umgebung mitgetragen wird, bestärkt, dieses Gefühl zuzulassen und durchgehen zu lassen. Die Traurigkeit darf sein; sie ist willkommen. Zu sehen, wie gut es tut, das in einem emotional sicheren und tragenden Feld erleben zu können. Auch bei der Beerdigung wollte er unbedingt dabei sein, alles mitbekommen, ihr eine letzte Rose in das offene Grab werfen.

Manchmal taucht die Traurigkeit wieder auf, so wie jetzt beim Schreiben dieser Zeilen. Die letzten Wellen gehen noch einmal durch, lösen die letzten Ungereimtheiten auf, wenden den letzten Schmerz und machen das letzte Nichtgesagte spürbar.

Ja, auch die Traurigkeit kann ein anspruchsvolles Gefühl sein. Es lohnt sich, diesem Gefühl in sich Raum zu geben, den Weg nach innen wieder ganz zu öffnen. Die Traurigkeit ist wie die Autobahn ins Herz. Kein Gefühl stellt die Verbindung nach innen so schnell und zielsicher her wie die Traurigkeit.

Das ist nicht der übliche Umgang mit Traurigkeit in unserer Gesellschaft. Sie wird noch immer gemieden, schlecht gemacht, ist nicht ok.

Ich zeige wieder ein Flipchart, das in einem meiner Ausbildungskurse entstanden ist. Es zeigt die erste Hälfte von dem, was wir gelernt haben, warum es nicht in Ordnung ist, Traurigkeit zu fühlen.

Es ist nicht OK, Traurigkeit
zu fühlen, weil ...
Schwäche, unprofessionell, unmännlich,
nicht souverän, Partyschreck, Heulsuse,
distanzlos, ansteckend, hysterisch,
unangenehm, lähmend, hemmend, ...

Flipchart aus einem Seminar

Das ist die Lobby, die Traurigkeit in unserer Gesellschaft hat. Kein Wunder, dass viele Menschen so abgekoppelt von ihrem Herzen durch die Gegend laufen und das nicht finden, was sie suchen. Ohne Traurigkeit, die letztlich nichts anderes ist als die Verbindung nach innen, nämlich Innigkeit und Verbundenheit, kommst du an dein Herz nicht heran.

Das, was wir als Traurigkeit bezeichnen, ist nichts anderes als abgewehrte Verbundenheit nach innen, ins eigene Herz hinein. Genauso wie aufgestaute Lebenskraft zu destruktiver Wut werden kann, so ist mangelnde Anbindung an das eigene Herz der Ursprung des bohrenden Schmerzes, den nicht wahrgenommene Traurigkeit verursacht. Die Traurigkeit selbst ist nie das Problem; sie ist die Verbindung nach innen. Durch das Zulassen löst sich die Traurigkeit auf und führt in die Innigkeit.

Schaue dir einmal an, wozu Traurigkeit führt, wenn du sie wirklich zulässt. Sie ist ja nichts anderes als Verbundenheit. Auch hier wieder ein Flipchart, wozu es nutzt und dienlich ist, die Verbindung nach innen voll und ganz zuzulassen.

Es ist hilfreich, Innigkeit / Verbundenheit
zu fühlen, um an ...
frei, entlastet, entspannend, mitfühlend,
Liebe, kraft, Loslassen, Gemeinschaft,
Heilung, Zuversicht, Befreiung,
Weite, Aufmerksamkeit, Klarheit,
Sensibilisierung, Positives Sehen, ...

Flipchart aus einem Seminar

Dem Schmerz in der Traurigkeit nicht ausweichen, sich ihm ganz stellen, führt dich an den Punkt, in dem du deine tiefste Lebendigkeit spürst. Wenn alles zusammenbricht, was keinen Bestand mehr hat, kommt die Traurigkeit und führt dich genau an den Punkt in dir, in dem du immer gesund und rein bist – in deine Seele. Da wartet etwas auf dich, was wir kaum mehr kennen. Das, was Liebe wirklich ist: Der Zustand, mit dem sein zu können, was ist.

Gehe genau dort hinein, was du gelernt hast, zu vermeiden. Lass dich nicht beirren. Folge diesem Gefühl in dir, bis du in deinen inneren Honigtopf hineingefallen bist. Der Schmerz ist der Preis dafür, dich wieder ganz mit dir zu verbinden. Dieser Schmerz rührt aus der Verirrung in dem, was nicht wirklich ist, was Illusion ist. Das ist es, was schmerzt, nicht die Traurigkeit. Sie verbindet dich mit dem, wer du wirklich bist.

Genau in diesem tiefen Loch, dem Nichts, der Void, findest du dich wieder. Genau dort entsteht ein neuer Impuls des Lebens, ganz aus sich selbst heraus, aus der tiefsten Wirklichkeit. Abseits aller Konstrukte, Ideologien, Religionen und anderer Dinge, die versuchen, das Allerinnerste zu ersetzen – und die früher oder später immer wieder scheitern. Weil das, was wirklich ist, nur in der Tiefe deines Herzens zu spüren ist. Nichts kann das ersetzen.

Genau an diesem Punkt finden wir das, was wir häufig als sogenannte Sicherheit suchen und durch die wildesten Konstruktionen zu erlangen versuchen – und es dort doch nicht finden.

Dieser Raum der Liebe ist das einzige, was überdauernd trägt. Der Eingang dahin ist die Innigkeit und die Verbundenheit, deren Tür die Traurigkeit ist.

8. Angst

Die Angst ist einer der vier affektiven Grundzustände, die wir kennen, eines der vier Kerngefühle. Und von denen ist es sicherlich das anspruchsvollste und auch das scheinbar schwierigste. Kein Gefühl wird so verdrängt und vermieden wie die Angst. Und genau das macht sie so stark und wirkmächtig. Auch dieses Gefühl hat in unserer Gesellschaft eine denkbar schlechte Lobby. Hier wieder ein paar Beispiele aus meinen Kursen, warum wir glauben, dass es nicht ok ist, Angst zu fühlen:

Es ist nicht OK, Angst zu fühlen, weil ...
schwächt, lähmt, machtlos, betäubt, handlungsunfähig, blockiert, schlechter Berater, unprofessionell, un männlich, Ohnmacht, tösen, kontrollverlust, ...

Flipchart aus einem Seminar

In vielen Bereichen führt heute die Angst Regie – nicht die Vernunft und schon gar nicht die Intuition oder das Herz. Wie kommt das?

Ganz einfach: Wenn du ein Gefühl nicht haben willst, wird es immer größer und stärker, bis es dich voll an den Hammelbeinen hat und dein Leben bestimmt.

Schau dich um, was gerade passiert: Angst an allen Ecken und Enden – und noch mehr Anstrengungen, genau dieses Gefühl mit aller Kraft zu vermeiden. Ein Kräftemessen, das letztlich die Angst gewinnt. Davon singen die Menschen seit Tausenden von Jahren – und niemand hört zu, heute erst recht nicht.

Einer der vielen Irrtümer im Umgang mit Angst ist der, in erster Linie zu schauen, warum Angst aufkommt, woher sie kommt. Ja, das ist in der Tat ein wesentlicher Fehler im Umgang mit der Angst. Wenn du den Grund gefunden hast, ist die Angst nicht weg. Im Gegenteil: Sie hatte mal wieder Zeit, noch größer zu werden.

Angst bleibt so lange bestehen, bis sie gefühlt, bis sie vollendet ist.

Unser üblicher Umgang mit der Angst ist, sie zu vermeiden oder zu verdrängen. Wenn das nicht funktioniert, suchen wir die Ursache. Wenn wir die Ursache haben, scheint es uns noch leichter zu sein, auf der Verstandesebene gegen sie vorzugehen. Ein fataler Kreislauf beginnt. Alles wird sich ändern, nur die Angst nicht.

Schaue mal in deinem Leben nach, wo die Angst sehr stark war und du versucht hast, mit dem Verstand dagegen vorzugehen, sie zu ergründen, Gegenmaßnahmen zu ergreifen etc. Vielleicht ist es dir gelungen, sie auf der Verstandesebene „in den Griff zu kriegen". Die Angst ist aber ein Gefühl. Sie kommt dann an einer anderen Stelle wieder hoch. Und dann wird es noch schwieriger, sie zu verstehen.

Warum passiert uns das immer wieder?

Weil wir das Wesen der Angst nicht erfasst haben.

Ich verrate Dir ein Geheimnis zur Angst vorweg, damit du die folgenden Überlegungen besser nachvollziehen kannst:

Wenn du die Angst in dir groß werden lässt und zulässt, hast du anschließend alles, nur keine Angst mehr. Sie ist definitiv weg!

Wie kommst du also dahin, die Angst „loszuwerden"? Die Antwort ist ganz einfach: Gar nicht! Auf keinen Fall loswerden wollen! Genau das ist der Kardinalfehler im Umgang mit der Angst.

Die Angst loswerden zu wollen, zu vermeiden, ist eine der größten Dummheiten der Menschheit. Vieles Schwierige auf unserer Welt ist genau dadurch entstanden: durch das Bestreben, die Angst zu vermeiden – oder wenn sie da ist, schnell wieder loszuwerden.

Hier noch einmal ein paar Beispiele, warum es gut ist, Angst, die nichts anderes ist als emotionale Kreativität, zu fühlen:

Es ist hilfreich, Kreativität
zu fühlen, um zu …
befreit, hilft, dankbar, wärmt,
ermöglicht Wachstum, Schutz,
Grenzen überwinden, Frieden schliessen,
wissen, Lebendigkeit, Gewissheit,
Klarheit, Fokus …

Flipchart aus einem Seminar

Warum?

Die Angst hat eine ganz klare Aufgabe: Sie will dir etwas „sagen", was auf andere Art nicht geht. Sonst wäre sie nicht so hartnäckig.

Nehmen wir das Beispiel der Infektion durch das Virus SARS-CoV-2, Kurzname Corona. Als die Information über die Verbreitung dieses Virus' bei mir ankam, bekam ich Angst. Absolut normal und natürlich. Was habe ich gemacht? Das einzig Sinnvolle: Ich habe die Angst nicht vermieden, sie nicht in den Griff bekommen und wollte sie auch nicht gleich wieder loswerden.

Genau das Gegenteil habe ich gemacht: Ich habe mich hingesetzt und mich ihr gewidmet. Ich habe ihr quasi „zugehört". Wie das gehen kann, zeige ich dir später.

Während die Angst in mir nun ihren Job gemacht hat, wurde mir klar, worum es eigentlich geht. Ich habe genau gesehen, was es für mich persönlich bedeutet und welche kollektive Bedeutung diese Virusausbreitung hat. Je mehr ich das Gefühl Angst zugelassen habe, desto klarer wurde alles. Eine der „Informationen" der Angst war, dass es darum geht, mein Immunsystem zu stärken – bzw. es sein zu lassen, es immer wieder zu schwächen, zum Beispiel durch Fehlernährung. Die anschließende Recherche auf intellektueller Ebene durch den Verstand, worum es sich bei diesem Virus genau handelt, hat diese Sichtweise bestätigt. Als gesunder Erwachsener mit einem gut intakten Immunsystem habe ich von diesem Virus außer gegebenenfalls zwei bis drei Tage auszufallen, nichts, aber auch gar nichts zu befürchten. Damit war die Angst ein ganzes Stück leiser geworden.

Dann wurde mir klar, dass es darum geht, die eigene Lebensführung zu überdenken. Womit verbringe ich meine Lebenszeit? Wo stehen wir als Gesellschaft im Moment? Kann es so weitergehen? Welche Veränderungen brauchen wir, damit das Experiment Mensch auf der Erde gelingen kann.

Eine weitere Information, die ich bekommen habe, ist die, dass es durch dieses Virus bzw. durch den zu erwartenden fehlerhaften Umgang damit und insbesondere der damit aufkommenden Angst zu sehr umfassenden und nachhaltigen Veränderungen unseres gesellschaftlichen Systems kommen wird. Somit habe ich schon in den ersten Tagen das gesehen, was sich Monate später gezeigt hat: erst die Deflation, dann die Inflation und nun die Rezession.

All diese Erkenntnisse, Informationen und Einsichten hatte ich innerhalb von 15 Minuten auf dem Tisch, wie auf einem Silbertablett. Der Wahrheitsgehalt lag bei 100 %, wie die Angst es typischerweise macht. Sie erzählt keine Geschichten, sondern die nackte Wahrheit. Du musst ihr nur zuhören. Wenn du nicht zuhörst, plärrt sie dir jahrelang die Ohren voll, bis du es endlich tust, das Zuhören. Dann kann es aber schon sehr, wenn nicht gar zu spät sein.

In der Folgezeit dieser 15 Minuten bin ich annähernd angstfrei durch die gesamte Zeit gegangen. Ich war etwas genervt und wütend ob der

Dummheit im Umgang mit dieser Situation. Eine relevante Angst diesbezüglich war in mir nicht mehr zu spüren, das war vorbei. Aber eine große Klarheit hat sich breit gemacht, um zu sehen, was hier wirklich passiert. Angst macht mir die Dummheit der Menschen, nicht das Virus.

Die Angst wird dich gnadenlos in die Knie zwingen, bis dir die Luft ausgeht und du nicht mehr anders kannst, als ihr zuzuhören. Ich habe dieses Phänomen hunderte Male in Therapien erlebt, wo es Menschen richtig schlecht und beschissen ging, sie schwer krank wurden, weil sie sich kontinuierlich geweigert hatten, der Angst und auch den anderen drei Kerngefühlen Raum zu geben. Wer's braucht, kann's kriegen – und bekommt es auch. Eventuell auch mit Zinsen und Zinseszins. Und wer den Zinseszins einmal verstanden hat, der weiß, welches Spiel da gespielt wird. Das Spiel kannst du nur verlieren. Keine Chance!

Zurück zum Wesen der Angst:

Wir haben als Kinder eine Menge Angst gespeichert, weil wir keine Unterstützung hatten, durch diese Angst hindurchzugehen, sie aufzulösen, sie ganz aus uns herauszulassen. Die Auflösung der Angst im Moment des Entstehens ist heutzutage leider eine Seltenheit geworden, Tendenz abnehmend.

All diese gespeicherten Ängste in Form von Emotionen sind ein buntes Potpourri an Möglichkeiten für unsere innere Propagandaabteilung, bei jedweder Gelegenheit mindestens eine dieser Emotionen auf den Plan zu rufen und wilde Sau spielen zu lassen. Das erleben wir insbesondere in unseren engen zwischenmenschlichen Kontakten immer wieder, zum Beispiel Partnerschaft und Familie. Ein kleiner Anlass und die Hütte brennt lichterloh. Oft weiß auch keiner mehr, warum sie eigentlich brennt, aber sie tut es. Kennst du das? Jetzt weißt du, warum.

Und wenn du jetzt anfängst, den Fehler bei deinem Partner zu suchen oder die Situation mit deinem Partner klären zu wollen, hast du endgültig verloren. Dann ist die Partnerschaft zu Ende, bevor sie richtig angefangen hat.

Natürlich gibt es auch Situationen, in denen es um das aktuelle Gefühl der Angst geht, sehr real und situationsbezogen. Dann geht es darum, klare Entscheidungen zu treffen und umzusetzen. Wenn dir ein Auto die Vorfahrt nimmt, dann ist es nicht besonders schlau, wenn du nach einer alten Emotion suchst. Tritt auf die Bremse, reiß das Lenkrad herum und siehe zu, dass du aus dem Schlamassel herauskommst. Da hilft kein Psychogeschwätz und auch kein Sternenstaub oder schon mal eine Räucherkohle anzünden. Hebe dir das für deine Emotionen auf; da kann das sehr hilfreich sein.

Mache dir also klar, dass du oftmals durch Emotionen blockiert bist und die Sache gar nicht vernünftig angehen kannst, solange die Emotionen Regie führen. Und sie machen das gut und gerne. Dir in die Suppe zu spucken ist eine ihrer Spezialitäten.

Die Lösung liegt demnach darin, die Angst in dir zu finden, wo sie gerade spürbar ist, in welchem Bereich des Körpers sie gerade dabei ist, sich zu festigen und abzuspeichern und sie dort abzuholen, indem du sie zulässt.

Das geht nicht durch den Kopf! Reden hilft hier nicht! Es geht um Fühlen und um Körperarbeit, wo die Angst etwas intensiver unterwegs ist oder war. Das ist meine Erfahrung aus über 20 Berufsjahren im ärztlichen Bereich, davon über 10 Jahre als Psychotherapeut. Reden reicht definitiv nicht!

Schon im Kindergarten oder noch früher lernen wir, dass Angst schlecht oder negativ ist. Ich höre das immer wieder selbst im Kollegenkreis der Therapeuten, dass Angst ein negatives Gefühl ist, dass man sie „in den Griff kriegen" muss und möglichst vermeiden sollte, sonst überrennt sie einen. Welch ein Humbug!

Mit der Haltung bzw. Überzeugung „Angst ist negativ" brauchen wir uns über unsere Welt nicht wundern. Das kann nur schief gehen und eine Katastrophe nach der anderen nach sich ziehen.

Kommen wir jetzt dazu, wie es geht, die Angst zu- und walten zu lassen, ohne die Regie abzugeben.

Methode 1:

Eine sehr effektive Methode, um eine emotionale Angst aufzulösen – und von der spreche ich hier – geht über den Körper.

Nimm dir etwas Zeit, in der du vollkommen ungestört bist. Das ist sehr wichtig. Sorge dafür, dass Störungen unterbleiben, kein Telefon schellt und niemand den Raum betritt.

Setze dich auf einen Stuhl oder eine Bank. Mache diese Übung nicht im Liegen; der Effekt ist dann wesentlich geringer.

Versetze dich noch einmal in eine Situation, die bei dir eine gut spürbare emotionale Angst hervorruft. Du brauchst in diese Situation nicht voll und ganz hineingehen. Es reicht, wenn du an sie herangehst und Kontakt mit ihr aufnimmst.

Spüre jetzt in deinen Körper hinein, wo sich diese emotionale Angst bemerkbar macht. Das kann z. B. ein Kloß im Hals sein, ein Druckgefühl im Bauch oder auch eine Unruhe in den Oberschenkeln. Schaue einfach ohne jede Bewertung, was du in deinem Körper im Angesicht dieser Situation spürst.

Es kann auch sein, dass es mehrere Stellen sind. Das ist völlig ok. Dann schaue einfach, wo der Hauptsitz dieser emotionalen Angst liegt und kümmere dich in erster Linie um diesen. Vielleicht kannst du auch die anderen Orte unter dem Hauptsitz versammeln, sodass du sie gemeinsam auflösen kannst.

Jetzt bekomme einen Eindruck von der Stelle, an der diese Angst lokalisiert ist. Ist es ein Ball, etwas Zackiges, ein Rechteck, eine amorphe Masse etc.? Schaue einfach, was es ist.

Welche Konsistenz hat diese Struktur? Ist sie hart, weich, gelartig oder noch etwas anderes? Wenn du es nicht genau erkennen kannst, dann nimm einfach das, was am nächsten liegt.

Hat diese Struktur eine Farbe? Hat sie eine bestimmte Temperatur? Ist sie kalt oder warm, gelb, braun oder blau? Bewegt sie sich vielleicht ein wenig oder schwabbelt sogar oder ist fest wie ein Stein? Schaue sie dir einfach an.

Wenn du soweit bist, einen klaren Eindruck von dieser Struktur zu haben, dann stelle dir vor, dass du dich selbst von der Seite betrachtest. Gehe in einem Abstand von ca. zwei bis drei Metern neben dich und schaue dich selbst an, mit dieser Struktur an den entsprechenden Körperstellen. Es ist sehr hilfreich, einen dreidimensionalen Eindruck von der körperlichen Entsprechung deiner emotionalen Angst zu bekommen. An dieser Stelle ist wichtig, damit noch nichts zu machen. Einfach nur schauen, mehr nicht.

Wenn du jetzt einen klaren dreidimensionalen Eindruck dieser Struktur hast, dann gehe wieder an die Stelle an der Seite von dir zurück, wo du begonnen hast, um dich herumzugehen. Setze dich dort neben dich und schaue dich an.

Jetzt ist es wichtig, dass du in den Bauch hinein atmest. Schaue einmal, wie du das machst, wenn du tief Luft holst. Häufig bewegt sich beim Atmen nur der Brustkorb. Jetzt probiere einmal, dass der Brustkorb ruht und du beim Einatmen den Bauch rausstreckst. Halte ihn nicht zurück. Es kann dir helfen, bewusst auszuatmen und die Einatmung reflektorisch von selbst geschehen zu lassen, indem sich der Bauch bei der Einatmung nach außen wölbt. Übe das ein wenig, bist du ein erstes, dich zufriedenstellendes Ergebnis hast. Mit der Zeit wird es immer leichter, in den Bauch zu atmen.

Gehe wieder zurück in die Position, in der du dich beobachtest. Erlaube deiner emotionalen Angst, sich mühelos auszudehnen, während du ruhig in den Bauch ein- und ausatmest. Die Natur dieser Struktur ist, sich auszudehnen zu wollen. Sie wird es wahrscheinlich langsam machen und in aller Ruhe und ohne jedwede Anstrengung. Schaue deiner Angststruktur einfach zu, wie sie sich mühelos ausdehnt. Lasse das zu.

Es kann gut sein, dass sie auch über deinen Körper hinausgeht, dass sie größer wird als du. Vielleicht nimmt sie den ganzen Raum ein, in dem du dich gerade befindest. Vielleicht wird sie sogar größer als das Haus, vielleicht noch größer. Gib ihr den Platz, den sie haben möchte. Gewöhnlich geht sie um ein gut überschaubares Maß über deine körperlichen Grenzen hinaus.

Beobachte deine verkörperte emotionale Angst dabei, wie der Druck im Inneren immer geringer wird, wenn sie sich ausdehnt. Spüre förmlich, wie sie sich entspannt. Betrachte noch einmal, ob sich die Konsistenz ändert. Vielleicht wird sich die Temperatur ändern und gegebenenfalls die Farbe wechseln. Das sind Phänomene, die sehr häufig auftreten. Diese scheinbar fixierte Substanz ist gar nicht so fix wie gedacht, sondern sehr wandlungsfähig.

Schaue nun, ob sie sich noch ein wenig weiter ausdehnen möchte oder ob sie die endgültige Größe für diesen Moment erreicht hat.

Dann schaue sie von allen Seiten an, wenn du das möchtest. Vermutlich wird sie jetzt sehr dünnwandig sein – oder sie hat sich sogar schon aufgelöst. Manchmal löst sich die Struktur zu diesem Zeitpunkt bereits vollständig auf.

Jetzt erlaube ihr, dass sie aus deinem Körper ganz herausgeht. Schaue zu, wie sie sich auflöst - wie sie sich im gesamten Raum als Nebel, Dampf, Duft o. ä. verteilt. Sie verliert ihre Grenzen. Lasse es zu. Halte sie nicht fest.

Wenn Sie sich noch nicht auflösen möchte, ist das völlig in Ordnung. Dann hat sie ihren Job noch nicht ganz gemacht. Zumindest ist sie schon mal größer geworden und hat sich im Inneren entspannt. Der Druck, der vorher im Inneren der Struktur geherrscht hat, ist nun deutlich geringer geworden. Genieße erst einmal diesen Effekt – und atme dabei ein paarmal in Ruhe in den Bauch ein und aus.

Achte wieder darauf, dass die Ausatmung aktiv und bewusst und die Einatmung reflektorisch wie von selbst in den Bauch erfolgt. Dadurch kann die Energie auf Höhe des Solarplexus', knapp unterhalb der Zwerchfellkuppel, wieder gut fließen. Dieser Energiefluss ist im Rahmen emotionaler Angst häufig blockiert.

Selbst für den Fall, dass sich bei dieser Übung nichts getan hat – hat sich doch etwas getan. Du hast deiner emotionalen Angst erlaubt, sich auszudehnen.

Manchmal traut sie der neuen Freiheit nicht und verharrt noch in ihrer alten Form. Gelegentlich bewegt sie sich erst, wenn sie nicht mehr beobachtet wird. Auch das ist völlig in Ordnung. Es gibt keine festen Regeln, wie es ablaufen muss. Das gibt es nur in der Schule, im Leben nicht. Du kriegst hier keine Note und auch kein Bonbon, wenn du es besonders gut machst. Du machst es einfach nur für dich ganz allein. Und da ist alles ok so, wie es ist.

Spüre noch einmal hinein, was du jetzt in deinem Körper empfindest. Hat sich irgendetwas verändert im Vergleich zum Beginn der Übung? Schaue einfach was es ist, ohne damit etwas zu machen im Sinne einer Bewertung. Es ist ok so, wie es ist.

Atme einfach noch ein bisschen tief in den Bauch ein und aus. Vermutlich wird es jetzt sehr entspannt sein an der Körperstelle deiner emotionalen Angst. Genieße das.

Möglicherweise stellt sich dort jetzt ein anderes Körpergefühl ein als vorher. Schaue dir auch dieses genau an.

Hat es eine Farbe, eine Temperatur, eine Konsistenz oder auch eine Struktur im Sinne einer Form? Dann schau dir das an, was eigentlich an dieser Körperstelle ist, wenn sie nicht von einer emotionalen Angst in Anspruch genommen wird. Genieße diesen Zustand in vollen Zügen und mache dir bewusst: Die alte Struktur war nicht Ich, das war meine emotionale Angst. Das, was ich jetzt spüre, ist der wirkliche, gesunde Teil von mir.

Versuche nicht, diese Übung oder diesen Prozess zu verstehen. Der Verstand hat kein Modell dafür, keine Erfahrung damit und auch kein Wissen darüber. Er kann nur zusehen, es in seiner Struktur aber nicht einordnen. Das ist völlig okay und ein gutes Zeichen dafür, dass die Übung wirkt.

Habe zum Schluss noch Vertrauen darin, dass sich etwas an dieser emotionalen Angst bewegt. Auch wenn du sie noch weiter spürst, wenn sie sich vielleicht gar nicht verändert haben mag, so ist doch ein kleiner Riss in der Mauer, durch den die ersten Wassertropfen rinnen. Erlaube diesem kleinen Rinnsal, den Rest der Mauer immer weiter zu bearbeiten. Das kann auch im Hintergrund ohne deine bewusste Wahrnehmung geschehen.

Stelle dir vor, dass jedes Mal, wenn du einen tiefen Atemzug machst, dieser Spalt ein bisschen größer wird, sich deine emotionale Angst entlastet und aus dir heraus geht.

Bei ca. 18 - 20 tiefen Atemzügen, die wir jeden Tag unbewusst machen, wird dieser Spalt deinen Emotionen nicht mehr lange standhalten können. Deine emotionale Angst arbeitet sich Stück für Stück ab und findet den Weg nach draußen.

Erteile dir noch einmal die Erlaubnis, dass diese alte Emotion in ihrem eigenen Tempo gehen kann. Du brauchst sie nicht mehr. Sei auch nicht ärgerlich auf sie, sondern dankbar. Sie hat dir früher sehr gedient. Du brauchst sie jetzt jedoch nicht mehr und kannst sie ganz freundlich und zugewandt gehen lassen. Wenn du magst, dann höre noch für ca. 10 Minuten eine dich tief berührende und lebendige Musik.

Methode 2:

Die zweite Methode, die Angst durch den Körper hindurch zu lassen ist eher für Ängste geeignet, die eine hohe Dynamik haben, also entweder sehr hartnäckig sind und immer wieder auftauchen oder eine sehr hohe Intensität haben.

Bevor du mit der Übung beginnst, mache dir klar, dass eine Emotion nichts anderes ist als eine Energie, die in Bewegung ist – bzw. es eben nicht mehr ist, weil du sie irgendwie festhältst. Eine Emotion ist also eine E–Motion: energy in motion.

Setze dich wieder aufrecht auf einen Stuhl. Auch diese Übung funktioniert im Liegen nicht.

Spüre in Deinem Körper wieder die Stelle auf, in der du die emotionale Angst empfindest. Das kann der Nacken, der Hals, der Oberbauch oder auch jede andere Stelle deines Körpers sein. Bei starken Ängsten findest du sie häufig an mehreren Stellen, jedoch meistens an einer Stelle in besonders hoher Intensität.

Schaue dir alle Stellen an, die du spüren kannst. Bekomme einen kurzen Eindruck, wie sie beschaffen ist - Größe, Form, Farbe, Temperatur etc. Du brauchst sie dir aber nicht so genau anschauen wie bei der ersten Variante zur Angstauflösung.

Wenn es mehrere Stellen sind, in denen du die Angst spürst, schaue, wie diese miteinander verbunden sind. Mit feinen Fäden, dicken Strängen, Ketten, Schläuchen oder auch nur energetisch, magnetisch oder anderweitig. Bekomme davon einen Eindruck.

Nun achte wieder auf deine Atmung und gehe in die Bauchatmung über, wenn es dir möglich ist. Wenn nicht, mache die Atmung so entspannt und beweglich, wie es dir möglich ist.

Suche dir eine Stelle an deinem Körper, durch den die Angst gleich hinausgeht. Das kann die Vorderwand des Brustkorbs sein, eine Stelle am Kopf (oftmals das dritte Auge zwischen den Augenbrauen) oder auch das Becken, durch welche die Angst hinausfließt.

Nimm wieder kurz Kontakt zu deiner Angst auf und schaue, ob die Teile noch verbunden sind. Vielleicht kannst du sie auch in einem Punkt zusammenlegen.

Mit jedem Atemzug, den du nun machst, bewegst du die an der Körperstelle festsitzende Angst. Mit jeder Einatmung lockert sie sich und geht schon ein wenig in Richtung der Öffnung, die du gewählt hast. Achte darauf, dass sie sich bewegt. Es reicht, wenn du eine Art visuellen Eindruck hast, dass sie in Bewegung kommt.

Beim ersten Durchgang atme bis zu siebenmal zur Bewegung und zum Transport der Angst zur Öffnung und puste sie mit der letzten Atmung mit einem kräftigen Stoß aus deinem Körper hinaus. Vielleicht kannst du vor deinem inneren Auge sehen, wie ein Teil der Angst aus deinem Körper hinausgepustet wird.

Kehre erst einmal wieder zur normalen Atmung zurück und schaue, was sich getan hat. Es wird wahrscheinlich noch genug Angst da sein, um noch ein paar weitere Durchgänge zu machen.

Schließe sogleich den nächsten Durchgang an und puste nach drei bis vier Atmungen wieder einen Teil deiner emotionalen Angst hinaus.

Folge einfach deinen inneren Bildern, die sich zeigen. Wo ist die Angst noch? Wieviel braucht es noch, bis sie hinausgepustet ist?

Mache die erforderlichen Durchgänge, bis du mit dem Ergebnis zufrieden bist. Ziehe dazu die noch übrigen Reste der Angst an einem Punkt im Körper zusammen und puste sie gemeinsam hinaus.

Es muss bei der ersten Runde nicht gleich alles restlos verschwunden sein. Gefühlt ist zumeist ¾ der Emotion aufgelöst.

Spüre wieder in dich hinein, wie es sich jetzt an den Stellen anfühlt, an denen vorher die Emotion Angst gesessen hat. Ist es dort anders als vorher? Ist dort nun Platz für etwas anderes?

Wenn ja, dann entscheide für dich, was dort, wo vorher die Emotion war, eigentlich hingehört. Hole aus deinem Inneren ein Gefühl oder einen Zustand hervor, den du anstelle der Angst haben möchtest. Du kannst dir auch wieder ein Bild dafür vorstellen. Eine Farbe ist oftmals sehr hilfreich – gerne auch in Kombination mit einer für dich stimmigen Temperatur, z. B. ein warmes Orange.

Atme nun in Ruhe tief weiter ein und aus. Etabliere nun an der Stelle der vorherigen Emotion den Zustand, den du dort haben möchtest und gib ihm in den nächsten zehn Minuten Gelegenheit, sich dort zu verankern.

Suche dir dazu eine schöne, kraftvolle, ja sogar majestätisch anmutende Musik aus (suche sie dir schon vor Beginn der Übung heraus) und höre sie nun – gerne auch etwas lauter –, während sich das Neue an die Stelle des Alten setzt.

Es kann sein, dass du schon nach einem Durchgang eine spürbare und überdauernde Verbesserung erlebst. Das ist für diese Methode typisch.

Hartnäckige Themen können schon einmal mehrere Wochen immer wieder auftauchen. Mit Geduld und täglicher Übung wirst du auch die dicksten Themen auflösen können. Ich habe es mit mehreren wirklich hartnäckigen Emotionen gemacht – die sind heute nur noch Geschichte.

Nimm dir nach der Übung noch ein paar Minuten Zeit der Ruhe, in der du einfache Dinge erledigst wie Blumen gießen, den Müll herausbringen oder anderen niederen motorischen Tätigkeiten nachgehst. Dein System braucht etwas Zeit für die Integration.

Es kann sein, dass du in den folgenden Tagen vermehrt träumst und den ein oder anderen anspruchsvollen Traum hast. Schlecht sind diese Träume nicht; es wird nur das durchgewunken, was noch irgendwo an emotionalen Resten herumgelegen hat. Nimm es einfach als normale Erscheinung; es soll dich nicht beunruhigen.

Ich erinnere mich an eine Emotion, die ich mit dieser Übung aufgelöst habe. Am folgenden Morgen wollte ich meiner Partnerin am Telefon davon erzählen. Innerhalb weniger Sekunden konnte ich nicht mehr sprechen und war mit einer tiefen Traurigkeit verbunden, die mir die Sprache verschlagen hat. Mir war auf der Gefühlsebene klar, dass ich gerade im Kontakt mit einem emotionalen Erlebnis war, dass aus meiner vorsprachlichen Zeit, also dem ersten Lebensjahr, herrührte. Ich ließ mir die Zeit, die ich brauchte, beendete das Telefonat (eher mit Geräuschen als einer klaren Ansage) und winkte auch diesen Rest durch.

Welches Ereignis in meinem ersten Lebensjahr dieser Emotion zugrunde lag, weiß ich bis heute nicht. Ich war und bin mir jedoch sicher, dass es die Auflösung eines ganz entscheidenden Angstthemas war, das sich meinem Verstehen und auch meinem Zugriff bis dahin entzogen hatte.

Mache dir klar, dass du zum Auflösen einer emotionalen Angst mit einer dieser beiden Methoden nicht wissen musst, wo diese Angst herkommt. Das ist vollkommen unbedeutend für den Erfolg dieser Methoden. Erfahrungsgemäß ist es sogar eher hilfreich, die Ursache nicht zu wissen. Dann kommt dir der Verstand nicht ständig mit irgendwelchen schlauen Begründungen dazwischen und stört den Ablauf der Auflösung.

Zusammenfassend ist wichtig, dass du dich der emotionalen Angst wertungsfrei widmest, sie zulässt, sie groß werden lässt und aus deinem Körper hinausbringst. Letztlich ist es gleichgültig (gleich gültig!), wie du das machst. Du kannst diese Übungen auch für dich etwas variieren. Jedoch empfehle ich dir, bei dem Kerngeschehen der Methode 1 oder 2 zu bleiben. Es braucht entweder die Visualisierung mit anschließendem Groß-Werden-Lassen (Übung 1) oder das Hinauspusten (Übung 2).

Das Auflösen einer emotionalen Angst, das Beseitigen der emotionalen Trittbrettfahrer, ermöglicht dir, die reale Angst, also das Gefühl Angst, viel besser und realitätsnäher zu empfinden. Das wiederum erlaubt dir, mit deinem Angst-Gefühl konstruktiv umzugehen. Es wird dir dann möglich sein, das volle Potenzial des Gefühls Angst auszuschöpfen.

Du hast jetzt die Möglichkeit kennengelernt, emotionale Angst aufzulösen, damit die Angst als aktuelles Gefühl seinen Job machen kann: dich mit einer ganz speziellen Energie zu versorgen und dir ganz wichtige Informationen zur Verfügung zu stellen, die du anders nicht bekommen wirst.

9. Freude – Vorsicht Absturzgefahr

Als letztes der vier Kerngefühle möchte ich hier die Freude näher beleuchten. Es scheint ein sehr einfaches Gefühl zu sein. Jeder will sie haben; je mehr, desto besser. Das geht ja auch ganz leicht, weil es in unserer Kultur keine negative Bewertung bezüglich der Freude gibt. Eigentlich ganz einfach und nicht näher betrachtenswert.

Dem ist aber nicht so. Von den vier Grundgefühlen ist es dasjenige, dessen tiefe Auslotung vielen Menschen am schwersten fällt. Eine vordergründige Freude zu empfinden ist kein Problem. Die kleinen Freuden im Alltag, die jeder kennt: das spielende Kind auf dem Spielplatz, der quirlige Hund von nebenan, die Blumen auf dem Tisch und die unerwartete Gehaltserhöhung. All das können wir gut zulassen und nehmen.

Wenn es jedoch darum geht, die Freude richtig tief im Herz zu spüren, wird die Luft dünn. Das beobachte ich immer wieder. Bis zu einem bestimmten Grad ist es leicht, die Freude zuzulassen. Ab dann wird es zunehmend schwieriger.

Wir haben in unserer Kultur eine Haltung, dass zuviel Freude schädlich ist. Viele Sprüche, die im Laufe unseres Lebens zu sogenannten transparenten Überzeugungen werden, halten uns davon ab, die Freude tief zu empfinden und auszukosten.

Eine transparente Überzeugung ist eine Ansicht oder Einstellung, die sich zumeist durch übernommene Sätze unserer Bezugspersonen entwickelt – und zwar so, dass wir deren Wirksamkeit nicht mehr bewusst wahrnehmen. Diese Überzeugung ist transparent. Wir schauen durch sie hindurch wie durch eine leicht getönte Brille, deren Verfärbung wir nicht erkennen, weil wir sie ständig tragen und keinen ungetrübten Blick mehr kennen. Erst wenn wir die Brille eines Tages absetzen und die Dinge in unverfälschtem Licht sehen, erkennen wir die vorherige Trübung, die uns ein Leben lang unbemerkt begleitet hat.

Hier nun ein Flipchart, was wir lernen, um Freude besser nicht richtig
zu fühlen:

Flipchart aus einem Seminar

Dass man sich nicht zu viel freuen sollte, weil einen abends sonst die
Katz holt und der Hochmut vor dem Fall kommt, ist ja schließlich jedem
klar, oder?! Auch sollte man sich nicht zu früh freuen und den Tag nicht
vor dem Abend loben. Wir hören solche Sätze schon im Kindergarten,
wenn nicht sogar noch früher. Bei uns in Westfalen gibt es den alten
Spruch: Singenden Frauen und krähenden Hähnen muss man beizeiten
die Hälse umdrehen. Eine gut 60-jährige Frau zitierte diesen Satz einmal auf Plattdeutsch in einem Seminar – da kommt er besonders krass
rüber – und brach dann in Tränen aus, was dieser Satz ihr an Lebens-
freude geraubt hat. Wir alle kennen solche Sätze zuhauf.

Es war ein windstiller Sonntagmorgen gegen 11 Uhr. Die Sonne stand
am Himmel, es war Frühsommer und ich flog mit dem Gleitschirm in ca.
3000 m Höhe über Lüsen, einem kleinen Ort in Südtirol. Die Glocken
der Kirche läuteten, es war eine schöne, relativ ruhige Thermik, die es
mir erlaubte, mit wenig Ruckeln im Schirm gut aufzusteigen. Mit zuneh-
mender Höhe wurden die Dolomiten sichtbar, nach einer kleinen Kehrt-
wende auf der anderen Seite der Alpenhauptkamm. Eine traumhafte
Kulisse. So schraubte ich mich hoch und genoss den Flug.

Ich war so motiviert, sogar das Schloss Rodenegg zu überfliegen,
was mir einen 10 km-Streckenflug einbrachte, den ich auf die nächste

Ausbildungsstufe anrechnen lassen konnte. Eine unerwartete Fügung, die ich gerne mitnahm. Einfach traumhaft, besser ging es nicht mehr. Als ich so im Gurtzeug hing, die Bussarde von oben betrachtete und den Blick nach Südwesten, auf den von der Sonne traumhaft angeleuchteten Peitlerkofel gerichtet hatte, durchschoss es mich plötzlich und völlig unerwartet. Mir schoss durch den Kopf: „Wenn du dich jetzt noch ein bisschen mehr freust, dann stürzt du ab!" Puh, das war ein Schlag. Ich fing an zu zittern und wurde nervös. Ich wollte nur noch runter und wieder festen Boden unter den Füßen haben. Die Freude von zuvor war dahin, wie weggeblasen.

Es dauert ein paar Sekunden, eh ich mich wieder beruhigt hatte. Mir war ziemlich schnell klar, was da in mir ablief. Eine transparente Überzeugung über die Freude war durch meine fröhliche Stimmung auf den Plan gerufen worden. Dieser Satz war das Ergebnis meiner Überzeugungen, die ich im Laufe meines Lebens, insbesondere in meinem Elternhaus, gebildet hatte. Bar jeder Vernunft und ohne auch nur den geringsten objektiv nachvollziehbaren Anlass sorgte mein neuronales System dafür, dass die Freude nicht zu lange dauerte und ich wieder brav und gehorsam in den Schoß meiner Sippenatmosphäre zurückkehrte. Der Katholik darf alles – es darf nur keinen Spaß machen. Das war die Leitschnur in meinem Elternhaus und der sozialen Landschaft, die mich als Kind und Jugendlicher umgab.

Dass mir ein solcher Satz in dieser Intensität durch den Kopf und dann auch durch den gesamten Körper schoss, war erstaunlich, erschreckend und amüsant zugleich. Innerhalb kurzer Zeit hatte ich mich emotional wieder gefangen und staunte ob meiner Gedanken und ihrer Macht, die sie über meinen Körper ausübten. Ich ruckelte mich im Gurtzeug zurecht, grinste vor mich hin, was für einen Mindfuck mein Hirn da gerade veranstaltet und flog genüsslich weiter. Die anfängliche tiefe Freude über dieses Erlebnis kehrte jedoch nicht mehr in der vorherigen Klarheit und Intensität zurück.

Mir wurde klar, wie sehr eine transparente Überzeugung (und nicht nur die; die bewussten können das genauso gut) ein ganzes System einer Person in allen vier Ebenen (Verstand, Gefühl, Körper und Präsenz) beeinflusst. Ohne Kenntnis über diesen Mechanismus der inneren Freudenversagung hätte ich den Flug vermutlich möglichst schnell beendet. Durch die Klarheit darüber, dass es sich „nur" um einen Mindfuck handelte, konnte ich eine klare und kraftvolle Entscheidung treffen, mich nicht an dieser alten mentalen Struktur zu orientieren und den Flug fortzusetzen. Ein beeindruckendes Erlebnis ist es dennoch geblieben.

Natürlich stellt sich jetzt die Frage, warum die Freude in letzter Konsequenz das schwierigste der vier Kerngefühle ist. Das erschließt sich erst bei differenzierter Betrachtung. Wenn wir uns über etwas freuen und es wird von unserer Umgebung, insbesondere von den nächsten Bezugspersonen (als Kind zum Beispiel von den Eltern) abgelehnt, dann werden wir das sehr wahrscheinlich als Ablehnung unserer ganzen Person empfinden, weil wir in dem Moment mit der Freude so stark in Kontakt sind und uns damit identifizieren. In einem solchen Moment haben wir den Eindruck, dass wir die Freude sind. Lehnt jemand hingegen unsere Wut, Traurigkeit oder Angst ab, dann beziehen wir das nur auf diesen emotionalen Anteil in uns, nicht auf unsere ganze Person. Darin liegt ein weiterer Nachteil, wenn ein Gefühl bewertet wird. Die Freude gilt als gut, als positiv. Deshalb glauben wir, wir sind unsere Freude und eine Ablehnung derselben beziehen wir auf uns als Person.

Daher kommt es, dass die Freude zwar angestrebt, aber nicht wirklich tief empfunden und gelebt wird. Sie ist zu gefährlich. Und da ist der erste Denkfehler: Nicht die Freude ist gefährlich, sondern dass wir unser Selbstwertgefühl an die Freude gekoppelt haben, ist das Problem. Demnach können wir unsere Freude nur dann wirklich in der vollen Tiefe empfinden und zulassen, wenn wir ein stabiles Selbstwertgefühl haben. Um das zu bekommen, braucht es wieder den Zugang zur Freude. Ein Teufelskreislauf, der dort läuft.

Um den aufbrechen zu können, braucht es einen emotional sicheren und gehaltenen Raum, in dem wir uns diesem Gefühl nähern können. Vielleicht wird jetzt klar, warum es oft nicht gelingt, die Freude voll auszukosten. Wir haben Angst davor, diesem Gefühl in uns Raum zu geben, weil emotional so etwas wie ein Absturz droht. Also suchen wir nach einer Alternative, welche die Freude ersetzt, aber nicht so gefährlich ist. Und das ist der Spaß.

Es ist immer wieder berührend und ernüchternd zugleich zu sehen, wie wir versuchen, Freude zu empfinden und es nicht hinbekommen. Viele bleiben beim „Spaß haben" hängen und glauben, das ist das Schöne im Leben. Schaue mal, wie viel es in deinem Leben um Spaß geht. Es ist ziemlich egal, was du jemandem sagst, dir wird viel Spaß dabei gewünscht. Ich treffe heute Nachmittag meine Freunde – viel Spaß dabei. Meine Tochter kommt heute zum Mittagessen – viel Spaß dabei. Ich gehe gleich noch einkaufen – viel Spaß dabei. Ich hole mein Fahrrad aus der Reparatur – viel Spaß dabei. Morgen muss ich schon früher zur Arbeit – viel Spaß dabei. Einzig und allein der Toilettengang scheint von diesen guten Wünschen ausgespart zu werden – mal schauen, wie lange noch und es auch ihn irgendwann erwischt.

Spaß ist etwas anderes als Freude. Das zu erkennen, ist sehr wichtig. Das hat nichts damit zu tun, dass Spaß schlecht ist oder nicht sein sollte. Er hat genau die gleiche Existenzberechtigung wie vieles andere auch, sollte jedoch nicht mit der Freude verwechselt werden. Gerade weil die Freude von den vier Kerngefühlen das einzige ist, das in unserer Kultur keine negative Lobby hat, sondern sein darf, jedoch häufig nicht erreicht wird, ist diese Unterscheidung so wichtig.

Spaß und Freude kann man vielleicht ein bisschen mit Kaffee vergleichen. Morgens aufstehen und erst mal einen Kaffee trinken, um in die Pötte zu kommen. Dann macht das Leben auch wieder Spaß ... bis zum Nachlassen der Koffeinwirkung, dann ist der Spaß vorbei und es braucht neuen Input. Spaß – Ernüchterung – Spaß – Ernüchterung ...

Freude ist, morgens von der eigenen Vitalität geweckt zu werden, weil das Leben auf mich wartet und ich mit vollem Elan freudig in den Tag gehe.

Freude, die nichts anderes ist als eine Spielart der Inspiration, zu fühlen,
ist sehr hilfreich, z. B. um zu:

Flipchart aus einem Seminar

Freude ist wie eine kontinuierliche Flamme, die wärmt und in Bewegung
hält. Sie ist ein Motor des Lebens, der Quell der Inspiration und Moti-
vation. Spaß hingegen ist wie ein Strohfeuer. Es wärmt kurzzeitig sehr
gut, dann ist das Feuer aus und es braucht neues Stroh. Noch einmal:
Das ist nicht schlecht, sondern einfach etwas anderes. Wenn ich mich
den ganzen Tag warm halten möchte, ist ein Strohfeuer sehr anstren-
gend, weil ich ständig nachlegen muss und die Temperatur immer wieder hoch und runter geht. Wenn ich ein gutes Feuer anlege, wärmt mich
auch die Glut noch eine ganze Weile. Verstehst du den Unterschied?
Achte einmal darauf, wie viel es um Spaß geht und wo die Freude Platz
hat. Du wirst erstaunt sein und dich wundern; vielleicht erschreckt es
dich sogar.

Wenn du diesen Unterschied verinnerlicht hast, gehst du dieser Falle
nicht mehr auf den Leim. Kümmere dich also um dein Selbstwert-Gefühl.
Das ist etwas, was nicht über den Verstand geht, sondern die affektive
und Präsenz-Ebene betrifft. Dort liegt das Selbstwert-Gefühl – unabhängig davon, welche Wertigkeit die Umgebung dir gibt. Selbstwert-
Gefühl ist etwas, das aus deinem Innersten heraus entsteht und spürbar
ist. Erst wenn du dort ein gutes Level erreicht hast, kannst du die Freude
in deinem Herzen wahrnehmen und wirken lassen.

10. Gefühlsvermischungen

Nachdem du nun etwas ganz Wesentliches über das Gefühlssystem kennengelernt hast, nämlich die vier Kerngefühle und die Folgen von Bewertungen, die sich daraus ergeben, möchte ich nun zu den Gefühlsvermischungen kommen. Die Gefühle, die wir wahrnehmen, kommen in den seltensten Fällen in reiner Form vor. Üblicherweise gibt es ein Gefühl, das im Vordergrund steht; die anderen drei kommen in kleineren Gewichtsanteilen dazu. Das ist die Realität, der wir tagtäglich begegnen.

Gefühle sind da, sie existieren; ebenso die Emotionen. Zu dem Unterschied zwischen den beiden komme ich in dem nächsten Kapitel.

Ich höre immer wieder, dass Menschen sagen, dass sie gar keine Gefühle haben. Das ist sachlich falsch. In einem Schulaufsatz stünde das jetzt rot unterstrichen mit einem kleinen f an der Seite. Es trifft einfach nicht zu. Ob du das Gefühl bewusst wahrnimmst oder nicht, spielt für die Existenz des Gefühls keine Rolle.

Du hast also genau zwei Möglichkeiten, wenn in deinem affektiven System ein Gefühl aufsteigt. Entweder du nimmst es bewusst wahr und kannst es händeln oder du nimmst es nicht bewusst wahr und es händelt dich. Das klingt sehr einfach – ist es auch. Im Prinzip ist das mit dem Fühlen viel einfacher, als wir glauben. Wir machen es gerne kompliziert, damit wir uns damit nicht beschäftigen müssen. Wir überlassen das den Profis, für uns ist das nichts, schon gar nicht für Männer.

Solange du ein Gefühl bewusst wahrnimmst, kannst du es nutzen. So kannst du zum Beispiel die in dir aufsteigende Wut, die nichts anderes als lebendige Kraft ist, dafür nutzen, eine klare Entscheidung zu treffen, was du willst und was du nicht willst und das auch umsetzen. Die Innigkeit und Verbundenheit, die wir in unserer Kultur Traurigkeit nennen und damit gut abwehren können, verbindet uns mit unserem innersten Kern, ist die Autobahn ins Herz. Die Angst als Motor der Kreativität können wir ebenso nutzen, um achtsam und schöpferisch durch das Leben zu gehen. Die Freude letztlich inspiriert und motiviert uns, insbesondere im sozialen Kontakt.

Vor ein paar Jahren habe ich einen Mann begutachtet, der den Verdacht hatte, dass seine Frau eine außereheliche Beziehung führt. Er hatte Angst, das anzusprechen und insbesondere vor der Bestätigung durch die Ehefrau. Also hat er es eine ganze Weile für sich getragen und die Angst verdrängt, die damit verbunden war. Er hatte keine kreativen Ansätze, um mit seiner Frau ins Gespräch zu kommen. Wie auch, wenn er die Angst nicht zulässt. In ihm stieg aber eine gehörige Portion Wut auf, dass jemand anderes ihm die Frau wegnimmt. Auch diese Wut hat er verdrängt, so dass ihm der innere Antrieb fehlte, mit seiner Frau ins Gespräch zu gehen. Allein durch das Verdrängen dieser beiden Affekte ist er sehr aufgestaut durch die Gegend gelaufen, war mies gelaunt, hat die Kinder angeschnauzt und bei der Arbeit ordentlich Dampf abgelassen. Die Traurigkeit darüber, dass die Ehe gegebenenfalls zu Ende geht, hat er auch nicht zugelassen. Das wollte er nicht fühlen, so dass er noch stumpfer durch die Gegend lief.

Irgendwann war der Druck so hoch, dass es dann doch zu einer Aussprache kam. Seine Frau hat diesen Kontakt bestätigt, jedoch angegeben, dass es kein sexueller Kontakt ist. Der Mann war inzwischen so unter Druck und in Rage, dass er sich das nicht vorstellen konnte und diesbezüglich auch nicht mehr erreichbar war. Kurzum: Die Situation eskalierte eines Tages und er versuchte, seine Frau zu erstechen.

Nachbarn, die diese lautstarke Auseinandersetzung gehört haben, kamen durch die zufälligerweise offene Wohnungstür hinzu und haben den Mann daran gehindert, seine Frau zu töten. Die aufgestaute Wut in ihm war so stark, dass er sich von seinem Vorhaben kaum abhalten ließ. Letztlich konnte er sich dann erst durch die gewaltsame Herausnahme aus der Situation etwas beruhigen.

Die ganz im Hintergrund liegende Kernproblematik eines extrem geringen Selbstwertgefühls wurde deutlich, als er auf der Anklagebank saß und am ersten Verhandlungstag seine Schwiegermutter den Saal betrat. Der schmächtige Mann brach fast vollständig zusammen und rief wie ein kleiner Junge nur noch: „Mama, Mama, Mama, Mama!"

Schauen wir uns das mal unter dem psychodynamischen Blickwinkel genauer an. Die Eifersucht ist ein affektiver Zustand, den jeder kennt. Sie ist eine Mischung aus Wut, Traurigkeit und Angst. Wut über den Armleuchter, der ihm seine Partnerin wegnimmt, Traurigkeit darüber, dass die gemeinsame Zeit vorbei ist und Angst davor, wie es dann weitergeht. Die Eifersucht besteht genau aus diesen drei Anteilen. Wenn sich da noch etwas Freude mit einmischt, dann geht dieser Mann los und rückt die Stühle wieder gerade. Genau das ist hier passiert.

An dieser Stelle braucht es noch eine wichtige Anmerkung: Dass hier die Freude eine wichtige Rolle spielt, scheint erst einmal nicht verständlich zu sein. Es geht dabei um ein Gefühl, das nicht rational nachvollzogen werden kann. Unter der ganzen Last der Situation, die sich über Wochen hingezogen hat, hat dieser Mann eines Tages eine Erleichterung verspürt, die genau dieser Gefühlsqualität der Freude entspricht. Erleichterung, spürbare Perspektive, Entspannung etc. Die war dann so deutlich, dass sie zu einem hohen Antrieb geführt hat, den er seit Wochen nicht mehr hatte. Das war der Auslöser, dass er jetzt mit seinen aufgestauten Gefühlen in diese Situation hineingegangen ist. So läuft das mit den Vermischungen von Gefühlen.

Es gibt fast zahllose Mischungen der Kerngefühle, die wir als einzelne Gefühle kennengelernt haben. Bei genauerer Betrachtung bestehen sie jedoch aus diesen vier Grundaffekten. Solange wir die einzelnen Anteile bewusst wahrnehmen, können wir damit konstruktiv umgehen. Genau darum geht es in diesem ersten Buch, dass du diese Fähigkeit erwirbst. Kurz innehalten, die vier Kerngefühle abklopfen, welches ist führend und was möchte ich jetzt machen – und die Energie und Information nutzen, die dir diese Gefühle jetzt gerade zur Verfügung stellen.

Schwierig wird es, wenn du, warum auch immer, Gefühle nicht richtig wahrnehmen kannst oder willst. Dann agieren sie im Hintergrund.

Da du Gefühle nicht wirklich verdrängen, sondern sie nur aus dem Bewusstsein verschieben kannst, bleiben sie bestehen. Und dazu gibt es eine ganz wichtige Erkenntnis: Ein Gefühl bleibt so lange stehen, bis es vollendet ist. Wenn du es nicht wahrnimmst, wird es auf Dauer zu einer Emotion. Es ist und bleibt da, bis es seinen Job machen konnte, bis es durch dich hindurch gegangen ist. Bis dahin wird es wirken, ob du willst oder nicht. Wenn es also unbewusst bleibt, wird es sich auf andere Weise äußern. Ein paar mögliche Mischungen möchte ich dir hier aufzeigen.

Ein häufiges Störungsbild in unserer Kultur ist die Depression in all ihren Spielarten – von der akuten Belastungsreaktion bis hin zur schweren depressiven Episode. Über die Jahre habe ich mit vielen Menschen gearbeitet, die ein solches Störungsbild hatten. Eines ist allen diesen Menschen gemein: Sie hatten einen sehr schwierigen oder fast gar keinen Zugang mehr zu den beiden Gefühlsqualitäten Kraft/Wut und Innigkeit/Traurigkeit. Beides war stark verdrängt, wirkte jedoch im Hintergrund.

Eine solche Person ist kraftlos, hat wenig Antrieb, kann keine Entscheidungen treffen und setzt wenig um. Zudem fühlt sie sich innerlich leer, beklagt eine Gefühllosigkeit und kann sich selbst kaum noch spüren. Jetzt siehst du, dass eine depressive Erkrankung dann entsteht, wenn Wut und Traurigkeit stark verdrängt werden; die grundlegende Psychodynamik der Depression.

Es waren immer ganz amüsante Momente in der Visite, wenn depressive Personen anfingen, frech und aufmüpfig zu werden. Mein Oberarzt sagte mir dann immer: „Herr Asshoff, machen sie den Brief fertig, Frau oder Herr X kann in den nächsten Tagen entlassen werden." Wenn jemand mit einer Depression kraftvoll und willensstark auftrat, war er auf dem Weg der Besserung. Solche Situationen habe ich Hunderte erlebt.

Andersherum wirkt es manchmal schon fast wie ein Wunder, wenn depressiv erkrankte Personen Wutarbeit machen und wieder einen Zugang zu sich selbst finden. Das kann zum Beispiel geschehen, indem ich mit solchen Personen am Wutblock arbeite – ein großer Schaumstoffblock, der eine Menge aushält und mit einem Stock, Füßen und Fäusten traktiert werden kann. Dabei geht es nicht darum, eine andere Person imaginär zu schädigen, sondern darum, die eigene Kraft wieder zu spüren. Nach anfänglichem Zögern erleben viele das als sehr hilfreich.

Den Zugang zur Traurigkeit wähle ich häufig darüber, dass Menschen erzählen, was sie schmerzlich vermissen. Unterstützt durch entsprechende Musik und atmosphärisches Halten des Raums können sich diese Menschen sicher fühlen, ihrer Traurigkeit freien Lauf zu lassen. Viele erleben auch das als sehr befreiend und erleichternd. Nach und nach entaktualisiert sich die depressive Symptomatik. Das funktioniert nicht bei allen depressiven Erkrankungen, jedoch bei den meisten.

Stelle dir vor, du kannst deinen Nachbarn nicht leiden und seine Garage brennt ab; der Luxuswagen darin gleich mit. Nach anfänglicher, zumeist gespielter Bestürzung kommt so etwas wie Schadenfreude auf, die nichts anderes ist, als eine Mischung aus Wut und Freude. Die Wut über diesen Idioten von Nachbarn ist noch aufgestaut, die Freude resultiert daraus, dass es genau den Richtigen erwischt hat. Kennst du so eine Mischung? Besonders stark wird diese Mischung dann, wenn beide Gefühle nicht bewusst wahrgenommen werden.

Wenn ich mir also einrede, auf die Nachbarn gar nicht wütend zu sein, weil man so etwas ja auch einfach nicht tut und mein Zugang zur Freude ist sowieso schon sehr schwierig, sodass ich diese auch nicht bewusst wahrnehme. Beides agiert dann destruktiv im Hintergrund.

Manchmal erinnere ich mich auch an einen Tag, als ich im Gleitschirmkurs das Fliegen gelernt habe. Es waren gerade einmal 175 m Höhenunterschied vom Start bis zur Landung. Für mich war das am Anfang aber schon eine Höhe, die mir zu schaffen gemacht hat. Nachdem ich ein paar Flüge absolviert hatte, habe ich mich daran gewöhnt und mich sehr erleichtert gefühlt; der erste Anflug von Freude. Ich habe diese Freude aber nicht wirklich zugelassen, weil ich mich noch nicht getraut habe. Natürlich hatte ich auch gehörigen Respekt davor, meinen

Hintern an ein paar Kevlarfäden durch die Luft zu schwingen. Beide Gefühle konnte ich aber nicht gut wahrnehmen, sodass sie sich im Hintergrund gemischt haben. Was kam heraus? Leichtsinn. Beim vierten Flug wollte ich voller Elan starten und bin losgerannt, habe dann aber intuitiv abgebremst, weil ich gespürt habe, dass etwas nicht stimmt.

Meine nicht zugelassene Freude und die kaum spürbare Angst haben mich so angetrieben, dass ich fast schon gestartet wäre. Dann habe ich kurz innegehalten und gesehen, dass ich die Beingurte nicht geschlossen hatte. Das ist der größte Fehler, den man beim Gleitschirmfliegen machen kann. Es kann dazu führen, dass du mal ganz geschmeidig aus dem Gurtzeug rausrutscht, während du in der Luft bist. Keine gute Idee. In dem Moment konnte ich in meinem Körper spüren, wie die aufgestaute Freude und die nicht wahrgenommene Angst im Hintergrund agiert, sich zu Leichtsinn vermischt und mich fast in den Abgrund geschoben haben. Eine krasse, aber sehr heilsame Erfahrung.

Kennst du die S-Bahn in Berlin? Die meisten fahren in der S-Bahn. Es gibt auch Personen, die fahren auf der S-Bahn. Manchmal machen das Jugendliche, die sehr leichtsinnig sind. Warum tun Sie das? Ganz einfach: Ihnen fällt die Wahrnehmung von Angst und Freude ausgesprochen schwer, weshalb diese sich im Hintergrund vermischen und destruktiv agieren. Es ist zum einen die Angst, die sie kaum wahrnehmen können, was ihnen überhaupt ermöglicht, eine solche halsbrecherische Aktion zu machen. Zum anderen haben sie einen ganz schwierigen Zugang zur Freude, die sie vielleicht seit Jahren oder noch nie richtig empfunden haben. Beide Gefühle mischen sich hier zum Leichtsinn.

Eines Tages bekam ich als Assistenzarzt in der Psychiatrie die Information, dass ein junger Mann zu Hause aufgefunden wurde, der gleich zur Aufnahme kommt. Der junge Mann spreche nicht, habe eine Augenbinde und sei ganz stark zusammengekauert. Vor Ort sei es dem Rettungsdienst nicht gelungen, ihn anzusprechen oder zu motivieren und seine Haltung zu ändern. Genauso wurde er zur Aufnahme gebracht. Ein Häufchen Elend. Schon seit Wochen körperlich nicht mehr gepflegt, eine Augenbinde und Gehörschutz auf, die er sich nicht abnehmen ließ und zudem hat er auch auf Ansprache nicht reagiert.

Als erste Maßnahme habe ich das Arztzimmer abgedunkelt und alle unnötigen Personen herausgeschickt. Ganz langsam und behutsam habe ich ihn angesprochen und ihm erläutert, wo er sich befindet und dass alles okay ist. Er könne selbst entscheiden, wann er seine Körperhaltung ändert und die Augenbinde und den Gehörschutz abnehmen möchte. Ich habe ihn lediglich gebeten, mit einer ganz kleinen körperlichen Regung zu bestätigen, dass er mich verstanden hat. Er hat ganz vorsichtig mit dem Kopf genickt. Im Laufe der nächsten Stunden kam es durch ganz behutsame Kontaktaufnahme dazu, dass er zuerst den Gehörschutz und dann die Augenbinde abgenommen hat. Tageslicht hätte er sicherlich nicht vertragen. Deswegen war es gut, den Raum abgedunkelt zu haben. Nach und nach gelang die Kontaktaufnahme mit ihm. Ein Gespräch war aber erst nach ca. 10 - 14 Tagen möglich. Im späteren Verlauf wurde deutlich, was bei ihm los war. Er hatte sich total isoliert, da er den Kontakt zu sich selbst (Grundaffekt Innigkeit) verloren hatte und sich seine Angst vor dem Kontakt mit der Welt nicht bewusst war. Diese unbewusste Vermischung der beiden nicht wahrgenommenen Grundgefühle führte dazu, dass er sich bis zur totalen Isolierung zurückgezogen hat. Seine Eltern haben dann irgendwann den Rettungsdienst verständigt.

An diesem Beispiel kannst du erkennen, wozu im Extremfall das Nicht-Wahrnehmen der eigenen Person in Form fehlender Innigkeit und Verbundenheit sowie die maximale Verdrängung von Angst führen können. Leider ist das kein Einzelfall.

Ich möchte noch auf zwei andere Vermischungen eingehen. Der Psychoanalytiker Siegmund Freud hat sich in seiner Zeit um die Jahrhundertwende 1900 mit einem Phänomen beschäftigt, das damals häufig auftrat. Es kam öfter vor, dass auf offener Straße Frauen bewusstlos umfielen, bei denen jedoch keine organische Erkrankung festgestellt werden konnte. Manchmal wurden sie zu ihm gebracht, ob er sich dieses Phänomen einmal genau anschauen kann. Freud kam relativ schnell dahinter, was bei diesen Frauen los war. Es handelte sich überwiegend um Frauen aus der gehobenen Bürgerschicht und sogenannten besten Gesellschaft. Damals war es üblich, dass diese Frauen „gut verheiratet" wurden. Meistens sollten es Männer mit hohem militärischem Rang oder einer anderen exponierten Gesellschaftsstellung sein. Zuneigung und Liebe spielten keine Rolle.

Stelle dir einmal vor, du wirst mit jemandem verheiratet, weil er eine gute Position hat und deine Gefühle spielen keine Rolle. Was passiert dann? Du wirst irgendwann stinksauer bzw. wütend und hast keinen Bock mehr auf den Sch...abernack. Heute kannst du aussteigen. Die Frauen früher konnten das nicht. Sie hatten eine Höllenangst davor, sich dem gesellschaftlichen Druck zu widersetzen, ihrer Wut nachzugehen. Eine Scheidung war damals ausgeschlossen; das gab es einfach nicht. Also mussten sie da durch. Ihnen blieb nichts anderes übrig, als sowohl ihre Wut als auch ihre Angst so stark zu verdrängen, wie es ging, um weiter funktionieren zu können. Und genau dieser Stau führte zu dem, was zu beobachten war.

Hysterie nannte Freud das. Heute nennen wir es Konversionsneurose. Das klingt etwas netter, ist aber letztlich genau dasselbe. Der Konflikt, in dem diese Frauen steckten, wurde verdrängt und ins Unbewusste verschoben, wo er dann agierte. Heute erleben wir dieses Phänomen oft in konversionsneurotischen organischen Beschwerden wie Panikattacken, Migräne und anderen psychosomatischen Erkrankungen. Das heißt nicht, dass diese Personen immer schlecht verheiratet sind, sondern dass ein unbewusster Konflikt besteht, der emotional nicht aufgelöst werden kann und sich deswegen auf die Körperebene verschiebt.

An einen Patienten erinnere ich mich noch sehr gut, der in meine Praxis kam, um sich ein bisschen zu informieren. Eine Therapie brauche er nicht; das hat er gleich zu Anfang klargemacht. Dann erzählte er, dass er als Beamter in einer Behörde arbeitet und eigentlich einen ganz guten und ruhigen Arbeitstag hat. Er war ein angesehener Mitarbeiter und fachlich sehr kompetent. Letztlich war er aber doch ein einfacher Sachbearbeiter, der seine fachlichen Möglichkeiten nicht annähernd ausspielen konnte. Das wurde mir sehr schnell klar. Der klassische richtige Mann am falschen Platz, völlig unterfordert. Er hatte sich in diesem Job eingerichtet und wollte auch gar nichts anderes. Wenn er dann nach Hause kam, so berichtete er, nahm er sich gerne ein Buch zur Hand, ein Gläschen Rotwein und genoss den Abend. Er schaute auch gerne seiner spielenden Tochter zu, die auf dem Boden puzzelte oder malte. Er hat das Ganze immer als fast schon idyllisches Familienbild gezeichnet. Der Grund, warum er zu mir kam, war der, dass die Ehe kriselte und seine Frau ihn zunehmend kritisierte. Wir haben nur ein Gespräch geführt, schließlich brauche er ja keine Therapie, sondern nur Informationen. Mehr war in dem Kontakt nicht zu erreichen.

In dem Gespräch wurde deutlich, dass es ihm sehr schwer fiel, sich selbst zu spüren und seine eigene Wertigkeit zu erkennen; sowohl beruflich als auch persönlich. Seiner Meinung nach war es gut, im Leben kleine Brötchen zu backen und die eigenen Interessen am besten erst gar nicht wahrzunehmen. Dann gibt es auch keine Scherereien, insbesondere nicht mit der Ehefrau, auf die er seine Muttererfahrungen projizierte. Die Freude im Leben war für ihn so weit weg, dass er sie so gut wie nicht mehr wahrnehmen konnte. Das wollte er aber einfach nicht sehen und hat sich sein Leben so eingerichtet, dass er zumindest ein wenig Freude im Lesen und Beobachten seiner Tochter fand. Auf die Idee, mit seiner Tochter zu spielen, ist er gar nicht erst gekommen.

Dieser Zustand wird als Melancholie bezeichnet. Das sind manchmal Personen, die abends entweder ein nettes Buch lesen, vor dem Kamin sitzen, ein Gläschen Wein trinken, Streichholzschiffchen bauen, ihre Bierdeckelsammlung neu sortieren oder sich ihren Briefmarken und Münzen widmen. Über diese sozialen Rückzüge und Tätigkeiten empfinden Sie etwas Freude und auch Kontakt zu sich selbst. Das heißt an dieser Stelle nicht, dass diese Hobbys automatisch Melancholie verursachen. Ich möchte damit nur deutlich machen, dass diese Personen sich gerne zurückziehen, einer wenig Selbstbewusstsein und Intensität benötigten Tätigkeit nachgehen und häufig einen Weg finden, darin wenigstens ein bisschen Freude empfinden zu können – manchmal mit einer mehr oder weniger großen Dosierung von Alkohol oder anderen Rauschmitteln. Ernsthafte Sorgen muss man sich um diese Personen nicht machen. Für einen Suizid geht es denen viel zu gut. Zudem fehlt ihnen auch der Antrieb, bis auf die Brücke oder auf die Bahngleise zu gehen.

Abschließend möchte ich noch eine Vermischung erläutern, die ich gerade in der Geschäftswelt und der Wirtschaft häufig beobachte: den sogenannten Burn out. Eine Person mit dieser Befindlichkeitsstörung hat häufig einen sehr schlechten Zugang zu allen vier Kerngefühlen. Diese Personen sind weder wütend, noch traurig, Angst haben sie schon gar nicht und Freude gibt es nur in Form von Spaß. Ein sehr schwieriges Störungsbild, weil affektiv kaum ein guter Ansatz zu finden ist, in die Gefühlswelt einer solchen Person vorzudringen. Deshalb ist hier auch die Rückfallhäufigkeit sehr hoch, weil die Störung meistens nicht behoben wird, sondern nur an der Symptomatik gearbeitet wird.

Du kannst dir vorstellen, dass sich so ziemlich jede psychische Befindlichkeitsthematik (ich verwende den Begriff der Störung im Sinne einer Krankheit hier absichtlich nicht) auf eine unbewusste Mischung dieser vier Kerngefühle zurückführen lässt. Ja, es gibt manchmal auch andere Ursachen. Aber in den meisten Fällen entstehen psychische Befindlichkeitsstörungen durch das nicht bewusste Wahrnehmen ganz spezifischer Gefühlsvermischungen. Deshalb ist es so hilfreich und für eine selbstbestimmte, aktiv gestaltete Lebensführung unerlässlich, sich dieser Mechanismen bewusst zu werden.

Der beste Weg, psychisch gesund zu bleiben, ist der, sich der eigenen Affekte bewusst zu werden und diese bewusst und aktiv zu nutzen. Menschen, die das können, sind ausgesprochen erfolgreich, sozial kompetent und zumeist kerngesund.

Zum Schluss zeige ich dir noch ein Flipchart aus einem Seminar, das diese Zusammenhänge grafisch verdeutlicht.

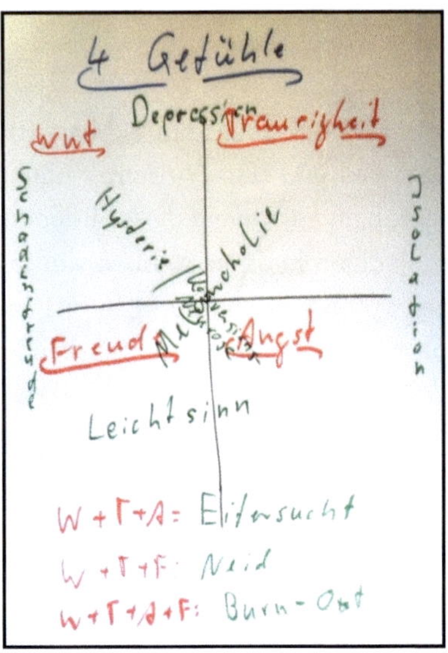

Flipchart aus einem Seminar

Auf dieser Abbildung siehst du zusätzlich die Zuordnung von vier sogenannten Archetypen zu den Grundgefühlen: Der Archetyp des Kriegers entspricht der Wut/Kraft. Er braucht seine volle Energie, um sein Ziel zu erreichen. Ein Liebender braucht eine tiefe Verbundenheit mit sich selbst und anderen, um seinem Ansinnen nachgehen zu können, nämlich der innigen Kontaktaufnahme. Der Magier kommt auf Ideen, die der Verstand nicht herstellen kann und braucht dazu die Angst als Quelle der Kreativität. Der König ist die pure Freude und Inspiration.

11. Gefühl oder Emotion?

Zum Abschluss dieses ersten Bandes über emotionale Souveränität und Kompetenz komme ich zu einer ganz wichtigen Unterscheidung für dich und dein Leben. Es geht um eine Erkenntnis, die es dir ermöglicht, ca. 80 % all deiner Konflikte mit anderen Menschen umgehend auflösen zu können. Ohne diese Unterscheidung wird es nicht gelingen; das zeigt das Leben immer wieder.

Diese Unterscheidung, die jetzt folgt, ist so wichtig, dass ich dich von Herzen und ausdrücklich bitte, dich diesem Kapitel sehr aufmerksam und sorgfältig zu widmen. Lege alles beiseite, was dich ablenkt, schalte dein Mobiltelefon aus, lege das Telefon zur Seite und mache die Musik aus. Gönne es dir, dass diese wichtige Unterscheidung wirklich bei dir ankommt und landet.

Es gibt einige Bereiche, in denen unsere Kultur einen wirklich hohen Standard erreicht hat. Bereiche, in denen viel Wissen erlangt wurde und zahlreiche Fertigkeiten heutzutage der Normalzustand sind. Ich denke insbesondere an technische Errungenschaften, jedoch auch an Erkenntnisse in den Neurowissenschaften über das menschliche Bewusstsein und das Kreieren von Realität bis hinein in die Quantenphysik. Einen Bereich gibt es jedoch, in dem unsere Kultur nach wie vor eine massive Inkompetenz aufweist. Das ist der Bereich der Affektivität, die Welt der Gefühle und Emotionen. Und genau da sind wir an der neuralgischen Stelle.

Es geht in diesem Kapitel um die Unterscheidung zwischen einem Gefühl und einer Emotion. Beides wird in unserem Sprachgebrauch synonym verwendet. Eine Differenzierung findet im täglichen Leben nicht statt. Mir persönlich hat diese Unterscheidung sehr viele Möglichkeiten gebracht, mit anspruchsvollen Situationen kreativ und insbesondere lösungsorientiert umgehen zu können. Wie oft habe ich in zwischenmenschlichen Konflikten gesteckt, insbesondere in Partnerschaften, mit meinen Kindern, jedoch auch im Beruf mit Klienten und

Gutachtenprobanden, die ich ohne diese Unterscheidung nicht hätte lösen können.

Kommen wir zum Wesentlichen: Es gibt eine ganz klare Unterscheidung zwischen einem Gefühl und einer Emotion. Es ist nicht dasselbe. Es sieht zwar so aus, ist es aber nicht. Und das macht es manchmal so schwierig, weil es in der Erscheinung sehr ähnlich sein kann und sich auch ähnlich anfühlt.

Dazu möchte ich ein einfaches Beispiel verwenden: Stelle dir vor, du gehst spazieren und plötzlich kommt ein Hund auf dich zu gerannt, der bellt und die Zähne fletscht. Was passiert in deinem System? In Sekundenbruchteilen steigt in dir reflexartig eine Mischung aus Angst und Wut auf. Die Angst macht dich aufmerksam, die Situation genau zu erfassen und eine möglichst schnelle Lösung zu finden. Die Wut aktiviert die Kraft, dieser bedrohlichen Situation möglichst schnell und nachhaltig zu entkommen. Entweder du läufst weg, greifst an oder erstarrst und stellst dich tot. Das sind die drei Reflexe, die in unserem Stammhirn verankert sind.

Wenn der Hund also auf dich zu kommt, wirst du dafür sorgen, dass er dich nicht verletzen kann. Dafür ist es notwendig, dass dein affektives System dir genau diese beiden Gefühle zur Verfügung stellt. Du nimmst sie wahr. Bis in den Körper hinein spürst du, wie du dich anspannst und eine Angriffs- oder Fluchtreaktion vorbereitest. Bei weiterer Betrachtung wirst du feststellen, dass sich in deiner affektiven Ebene etwas ändert. Die Angst nimmt zu oder ab, ebenso die Wut. Vielleicht taucht auch etwas Freude auf, wenn du merkst, dass du der Situation entkommen bist. Puh, geschafft, das war knapp.

Damit haben wir die wesentlichen Merkmale eines Gefühls bereits erfasst. Es gibt einen Auslöser in Form einer für das Gefühl angemessen realen Situation; hier der Angriff des Hundes. Der zweite Punkt ist, dass dein Körper in diese Reaktion stark eingebunden ist. Das dritte Merkmal ist die Veränderung der beteiligten Gefühle innerhalb sehr kurzer Zeit. Erfahrungsgemäß ändert sich ein Gefühl innerhalb von drei Minuten so deutlich, dass du die Veränderung wahrnimmst. Normalerweise dauert es sogar nur 10 - 15 Sekunden, bis sich dein Gefühlssystem an die Situation anpasst.

In unserem Beispiel bist du dem Hund entkommen, weil du blitzschnell die Entscheidung getroffen hast, hinter einen Zaun zu springen, wieder ins Haus zu rennen und die Tür zu schließen, auf einen Baum zu klettern oder auf den Hund zuzugehen und ihn aus Leibeskräften anzuschreien, mit einer Grimasse, die ihn wiederum in große Angst versetzt. Welches Szenario auch immer. Diese Situation ist extrem lebendig und facettenreich.

Hier noch einmal die wesentlichen Merkmale eines Gefühls auf einem Seminar-Flipchart:

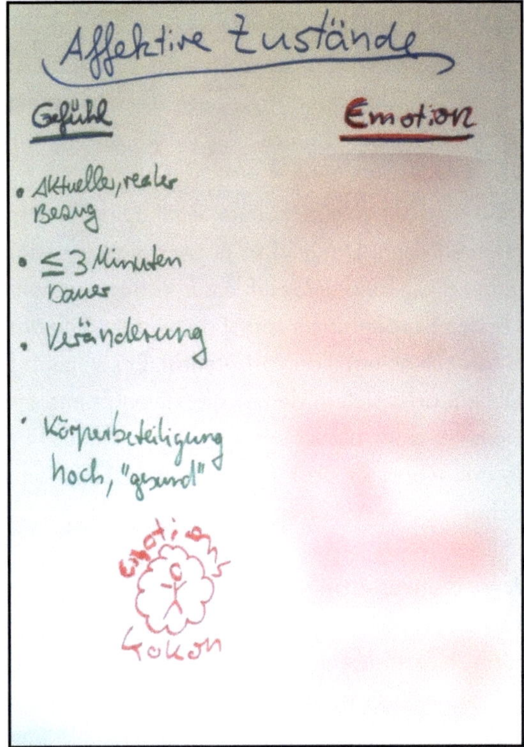

Flipchart aus einem Seminar

Die Situation sieht anders aus, wenn du als Erwachsener spazieren gehst und plötzlich ein kleiner Hund von Handtaschengröße kleffend und zähnefletschend auf dich zu rennt. Wenn du jetzt mit Todesangst reagierst, dann ist diese Situation nicht realitätsnah und angemessen. Wenn dein Körper mit einer panikartigen Flucht, einer Todesangst, einer Duldungsstarre oder sonstigen starken Reaktionen antwortet, bist du nicht mehr im Bereich eines Gefühls, das eine sinnvolle Lösung aufzeigt.

Du bist jetzt im Bereich einer Emotion. Diese innere Reaktion in dir wird erfahrungsgemäß länger als drei Minuten anhalten und dich noch eine ganze Weile beschäftigen. Wenn der Hund nächste Woche wieder ankommt und dich angreift, wirst du sehr wahrscheinlich genau diesel-be Reaktion noch einmal erleben. Und der Hund ist in dieser Zeit nicht größer geworden.

Was passiert hier? Bei genauerer Betrachtung wirst du feststellen, dass du entweder in deiner Lebensgeschichte schon einmal eine sehr unan-genehme und bedrohlich empfundene Situation mit einem Hund erlebt hast. Vielleicht ist einmal ein Hund auf dich losgegangen, als du ein kleines Kind warst und du hattest den Eindruck, das nicht zu überleben. Du hast in deinem Leben die (unbewusste) Überzeugung entwickelt, dass Hunde grundsätzlich, immer und ausnahmslos bedrohlich und ge-fährlich sind. Woher du diese Überzeugung auch immer hast: sie wirkt.

Eine Emotion ist demnach ein in der Vergangenheit nicht zu Ende ge-brachtes Gefühl oder eine übernommene Sichtweise, die zu einer ent-sprechenden affektiven Reaktion führt. Lass mich das näher erläutern.

Im Laufe unseres Lebens machen wir sehr viele Erfahrungen, die unser affektives System betreffen. Schon als kleines Kind oder Baby merken wir, dass die Milch nicht rechtzeitig kommt, die Zuwendung fehlt, es kalt ist, dunkel ist, die Bezugsperson nicht da ist etc.

Als Kleinkinder sind wir mit vielen Situationen emotional sehr gefordert, vielleicht sogar überfordert. Wenn wir nicht den ausreichend sicheren Rahmen haben, dieses Gefühl voll und ganz zuzulassen und durch uns hindurch gehen zu lassen, bleibt etwas hängen. Dieses Gefühl ist nicht vollendet, es ist nicht aufgelöst, nicht zu Ende gebracht.

Ich erinnere mich an einen Jungen, den ich auf einer Nordseefähre erlebt habe. Er war bei seiner Großmutter in den Ferien und musste wieder zurück, weil die Schule wieder anfing. Er muss dort eine sehr schöne Zeit gehabt haben, weil er sehr traurig war, dass er jetzt von seiner Großmutter getrennt ist. Er saß dort und weinte, einfach so, aus Traurigkeit heraus. Die Eltern, die dabei waren, waren in einem völlig anderen Modus. Der Junge hat gestört mit seiner Heulerei. Also hat der Vater etwas sehr typisches gesagt: „Du brauchst nicht traurig sein. Du kannst in den nächsten Ferien ja wieder hinfahren." Der Vater hat also über das Gefühl seines Sohnes komplett weggebügelt. Dem Jungen blieb nichts anderes übrig, als seiner Traurigkeit keinen weiteren Ausdruck zu verleihen, sondern sie zu verdrängen. Unbewusst hat die Ablehnung des Vaters seinem Verhalten gegenüber dazu geführt, dass er der Traurigkeit keinen weiteren Raum gegeben hat. Es war genau erkennbar, wie er die Traurigkeit weggesteckt und hinuntergeschluckt hat. So entsteht eine Emotion.

Die Erfahrung zeigt, dass dieser Junge von dieser Emotion noch einmal in Beschlag genommen werden wird, wenn er wieder in eine Situation gelangt, in der er eine vergleichbare Traurigkeit spürt. Dieser emotionale Trittbrettfahrer, wie ich diese Emotion gerne nenne, wird dann wieder mit hochkommen. Es wird eine Situation in seinem Leben geben, in dem eine scheinbar normale Traurigkeit überbordend erlebt wird, weil das nicht zu Ende gebrachte Gefühl der Trennung von der Großmutter (unbewusst) in Form einer Emotion mit hochkommen wird. Verstehst du den Mechanismus? Jeder von uns hat eine Menge in seinem emotionalen Rucksack, das nicht zu Ende gebracht ist.

Vielleicht kennst du das aus einem Streit mit deiner Partnerin oder deinem Partner. Ihr seid so richtig mitten drin im Streit und in Rage. Dann dauert es nicht lange, bis einer von beiden sagt: „Das hatten wir schon so oft. Vor zwei Jahren war es genauso, als wir …." Es kommt genau das wieder hoch, was damals nicht zu Ende gebracht wurde. Der Mechanismus ist simpel und einleuchtend, oder?!

Das zweite emotionale Phänomen ist eine übernommene Emotion. Gehe mal in ein Fußballstadion und schau dir an, wie sich die Fans dort verhalten. Da braucht nur jemand mit dem Schal der gegnerischen Mannschaft um den Hals um die Ecke kommen und schon steigt die Galle hoch. Der muss weg, der ist von der anderen Seite. Das induziert Wut, Abneigung sowie Groll und kann bis zu einer Schlägerei und schweren körperlichen Verletzungen führen. Mit der Person des Gegenübers hat das überhaupt nichts mehr zu tun; auch nicht mit der aktuellen Situation. Allein die Überzeugung, dass der andere nicht okay ist (weil er zur gegnerischen Gruppe gehört), führt zu einer Wut, die ohne Weiteres mehrere Stunden anhalten kann. Auch hier sind wir nicht mehr im Bereich eines Gefühls, sondern einer blanken Emotion.

Wir können das auch im religiösen Kontext erleben. Dort kann es so weit gehen, dass andere Menschen getötet werden, die nicht derselben religiösen Ausrichtung und demselben Überzeugungsmuster angehören. Die Wut auf diese Menschen ist so groß, dass sie zerstört werden, auch physisch. Wer nicht für uns ist, ist gegen uns. Diesen Satz dürfte jeder schon einmal gehört haben. Genauso werden Emotionen geschürt.

Die erste Variante kann man als Kinder-Emotion bezeichnen, weil sie üblicherweise in der frühen Kindheit entsteht. Die zweite Variante ist eine Eltern- oder Autoritäts-Emotion, weil sie durch den Kontakt mit einer als übermächtig empfundenen Autorität, als Kind zum Beispiel die Eltern, hervorgebracht wird. Beide Formen führen zu ein und derselben Reaktion: Eine durch die auslösende Situation allein nicht erklärbare, wesentlich länger als drei Minuten anhaltende affektive Reaktion. Der Körper ist bei einer Emotion ebenso mit einbezogen, wobei sich das körperliche Empfinden über die Dauer der Emotion nur sehr wenig ändert. Auch das ist eine wichtige Unterscheidung zum Gefühl.

Dazu kommt hier jetzt der zweite Teil des oben schon abgebildeten Flipchart:

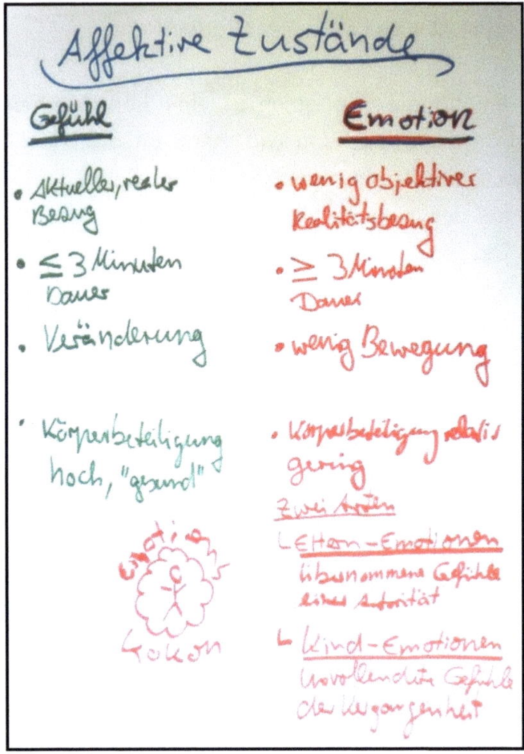

Flipchart aus einem Seminar

Sehr hilfreich ist die Unterscheidung zwischen Gefühl und Emotion in Konflikten mit deinem Gegenüber, insbesondere in der Partnerschaft. Wie oft kommt es zu einem Streit, von dem du vielleicht nach 10 Minuten schon gar nicht mehr weißt, warum es eigentlich dazu gekommen ist. Nicht nur, dass der Anlass nicht real genug ist, ist er nach wenigen Minuten schon gar nicht mehr erkennbar. Und dennoch bist du voll im Geschehen bzw. fängt es gerade erst an, richtig hoch zu kochen. Es mag ja sein, dass dein Gegenüber eine reale Situation erschaffen hat, die auch ein Gefühl hervorruft. Die Nachfolgereaktion wird jedoch maßgeblich durch Emotionen gesteuert und genährt, insbesondere von aus der Kindheit nicht zu Ende gebrachten Ereignissen. Wer kennt das nicht?!

An dieser Stelle dürfte klar werden, dass es wenig Sinn macht, deinen emotionalen Konflikt mit deinem Gegenüber bearbeiten zu wollen. Deine Partnerin oder dein Partner haben vielleicht den Knopf gedrückt. Klingeln tut es jedoch bei dir. Wie diese Klingel klingt, das liegt an dir, nicht an deinem Gegenüber. In solchen Situationen hilft nur eines: Eine Auszeit nehmen. Also als Nichtraucher Zigaretten holen gehen oder mit dem Hund eine Runde drehen, den du gar nicht hast. Gehe raus aus dieser Situation und mache deine Hausaufgaben: Schaue dir den emotionalen Anteil deiner Reaktion an. Und mache das bitte nicht mit deiner Partnerin oder deinem Partner, sondern mit einem guten Freund, der Telefonseelsorge, dem Pastor oder der Feuerwehr aus. Aber bitte nicht mit der Person, die diesen Konflikt in dir ausgelöst hat. Das ist absolut kontraproduktiv und treibt dich nur weiter in die Emotionalität hinein.

Ich habe viele Gespräche mit Paaren moderiert, die sich in ihrer Emotionalität total verkeilt hatten. Da ging wirklich gar nichts mehr. Völliges Zerwürfnis, tiefe Verletzungen bis hin zu körperlichen Übergriffen. Als Gerichtspsychiater habe ich zahlreiche Fälle erlebt, in denen so etwas tödlich endete. Ganze Völker gehen aufeinander los, obwohl sie sich überhaupt nicht kennen. Da werden Soldaten in ein anderes Land geschickt, das sie nicht kennen, weil sie der Autorität glauben, dass das so sein muss und für das eigene Überleben zwingend notwendig ist. Auch die jüngere Geschichte zeigt genügend solcher Ereignisse auf. All das im Wesentlichen nur, weil der Unterschied zwischen einem Gefühl und die Entstehung und Wirkung einer Emotion nicht bekannt ist. Selbst in meiner Ausbildung zum ärztlichen Psychotherapeuten und in meiner gesamten psychiatrischen Zeit in diversen Kliniken habe ich diese Unterscheidung nicht kennen gelernt. In keiner einzigen Fortbildung, klinischen Besprechung oder Facharztausbildung wurde diese Thematik beleuchtet.

Aus der persönlichen Erfahrung kann ich dir sagen, dass sich viele Konflikte sehr schnell und nachhaltig auflösen, wenn du dir diese Unterscheidung immer wieder bewusst machst. Lerne sie auswendig wie einen Notfallplan. Den musst du vorher kennen und nicht erst hervorholen, wenn es brennt. Dann brauchst du ihn nicht mehr. Dann ist es zu spät. Wenn du in einem Konflikt bist, musst du darin geübt sein, zu erkennen, ob du gerade in einem Gefühl oder einer Emotion steckst. Ein Gefühl kannst du wie einen Kompass nutzen, um durch diese Situation zu navigieren. Bei einer Emotion geht es darum, dein System von einer Altlast oder einer unpassenden übernommenen Sichtweise zu befreien. Das ist eine Hausaufgabe, die du in einer geschützten und sicheren Atmosphäre abarbeiten kannst. Ein aktueller Konflikt ist dazu absolut ungeeignet.

Das ist der wesentliche Unterschied zwischen einem Gefühl und einer Emotion. Mache dir das immer wieder klar und lerne, deinem affektiven Erleben innerlich still zu halten – in dem Sinne, dass du lernst, deine Gefühle und Emotionen wahrzunehmen, aber nicht blindlings auszuagieren. Schau dir an, was du gerade fühlst. Was steht im Vordergrund? Wut, Traurigkeit, Angst oder Freude? Nutze die Informationen, die dir diese Gefühle liefern und auch die Energie, die du für die Umsetzung und Handhabung der jeweiligen Situation brauchst.

Wenn du merkst, dass du in einer Emotion steckst, gehe aus der Situation heraus und mache eine Pause. Suche dir dann das Umfeld und vielleicht die Begleitung, die du brauchst, um diese Emotion, dieses alte oder übernommene Gefühl, zu Ende zu bringen. Es wirkt Wunder, wenn du diese Energie erst einmal für dich auflöst und dann wieder in die auslösende Situation zurückgehst, z. B. das Gespräch mit deinem Gegenüber. Oftmals endet es in Lachen, Freude und Verbundenheit.

12. Epilog

Nun sitze ich hier und schaue mir die Texte noch einmal an – und frage mich, ob es ankommt oder nicht. Ob es dich erreicht oder noch etwas fehlt, damit es ankommt. Noch immer hält sich in unserer Kultur hartnäckig die Ansicht, dass die Probleme unserer Zeit durch Logik und allein auf Verstandesebene zu lösen sind. Dem ist nicht so. Ein Großteil der ursprünglichen Lebendigkeit und des Lebens bleiben der Vernunft verborgen, so sehr sie sich auch bemühen mag, dieser habhaft zu werden – letztlich, um sie kontrollieren und für sich selbst nutzen zu können. Diesbezüglich erinnert mich der Verstand manchmal an ein Virus, das sich in seine Wirtszelle hinein begibt, um selbige für sich selbst zu nutzen, selbst aber nicht lebensfähig ist.

Wer in die Natur, in das Wesen des Lebens geht, wird erkennen, dass sie ganz eigene Gesetze hat, eigenen Regeln folgt und Kräfte aufweist, die dem Verstand verborgen bleiben. Ja, verborgen bleiben müssen, weil die Ebene von Lebendigkeit nicht die des Verstandes ist. Der Verstand arbeitet nur mit dem, was er schon kennt, was ihm zugänglich geworden ist. Er entwirft ein Modell des Lebens, das jedoch nicht das Leben selbst ist. Das ist der gravierende Unterschied.

Mit diesen Zeilen schließe ich dieses Buch. Eingedenk der Tatsache, das Diktat der Verstandeslogik in unserer Gesellschaft nur unwesentlich verändern zu können. Letztlich braucht es das auch nicht. Die Natur wird auch den Menschen und seine Unbilden betreffend wieder einen Weg finden, sich selbst von dem Ballast zu befreien, den der Mensch aus der Verstandesebene heraus produziert hat. Schön wäre, wenn dieses auf einvernehmlichem Weg zwischen Menschen und Natur geschieht. Ob dem so sein wird, wird sich zeigen, auf ganz natürliche und harmonische Weise – und so, wie die Natur dieses zu tun pflegt: sich selbst wertschätzend, nährend und keine Rücksicht nehmend auf die Strukturen, welche die Gesetze des Lebens nicht beachten.

So wünsche ich dir eine wunderbare Reise in die Welt der Gefühle sowie der Emotionen und die Klärung derselben, damit du die Gefühle wie einen inneren Kompass zur Navigation in der Wirklichkeit nutzen kannst.

Abschließend möchte ich dir noch Mut machen, dir eine Begleitung für diese Reise zu holen, wenn du das für dich als sinnvoll erachtest. Manchmal ist es gut, die eigenen Möglichkeiten im Windschatten eines Profis zu entwickeln, d. h. einer Person, die diese Fähigkeit spielend beherrscht. Auf meiner Website www.asshoff-resulting.com findest du Angebote, die ich mit meinem Team für Menschen mache, die ihre emotionale Souveränität auf ein hohes Niveau bringen und somit ihre wahre Selbst-Bestimmung wiedererlangen wollen.

Danksagung

Es war eine schwierige Verhandlung, in der ich einem Gericht klarmachen musste, dass die Frau in dem Tatgeschehen viel beeinträchtigter war, als es auf den ersten Blick erschien. Ich musste alles in die Waagschale legen, um spürbare, emotional greifbare Wirklichkeit in rationale Verstehbarkeit zu wandeln. Zum Glück ist es mir gelungen. Der damalige Anwalt Martin Jacobs bat mich nach der Stellungnahme, diese Dinge zu Papier zu bringen und einer größeren Leserschaft zur Verfügung zu stellen. Genau das sei es, was Menschen gerade brauchen. Ich wusste, dass er Recht hat, war aber nicht soweit, meine Zeit dafür zu investieren. Auch wenn Jahre zuvor der einfache Landwirt Rolf Henkensmeier, der mich die hohe Kunst der verantwortungsvollen Jagd lehrte, bereits motivierte, mein Formulierungstalent zu nutzen, Wirklichkeit von Illusion zu unterscheiden, reichte es noch immer nicht, dem nachzugehen. Es brauchte noch etwas, so dass eine dritte Person auf den Plan gerufen wurde. Auf der Fahrt von der Heidelberger Hütte ins Tal sagte mir der Hüttenwirt Alois Eiter, dass es Zeit wird, all das zu Papier zu bringen, was ich oben auf der Hütte in kleinen Gruppen vermittele; die Menschen bräuchten genau das. Erst da nahm ich es wirklich ernst. Ohne die ehrliche Offenheit dieser drei wäre der Grundstein für dieses Buch nicht gelegt worden. Mein Dank geht ferner an alle Klienten, Kursteilnehmer und Mentees, die sich in unterschiedlichen Settings der spürbaren Wirklichkeit über Gefühle und Emotionen geöffnet haben. Meiner Partnerin Nicole danke ich für die fachfrauliche Durchsicht des Manuskripts und stilistische Korrekturen, von denen es vieler bedurfte.

Besonderer Dank gilt meinem Sohn Nicolas, der viele hilfreiche Ideen eingebracht sowie in unermüdlicher Kleinarbeit das Cover-Design und Layout erarbeitet hat.

Der Autor

Gerold Asshoff ist promovierter Mediziner sowie Facharzt für Rechtsmedizin, Psychiatrie und Psychotherapie. Seit nunmehr 25 Jahren sammelt er als Gerichtspsychiater und Forensischer Therapeut Erkenntnisse und Erfahrungen aus dem Grenzbereich menschlicher Emotionalität. Seine Expertise reicht von der tiefenpsychologischen Therapie über die Begutachtung psychisch kranker Straftäter zu Fragen der Schuldfähigkeit und Unterbringung in der Psychiatrie und Sicherungsverwahrung zu seiner Tätigkeit als Mentor, Berater und Lehrer. Dabei erkennt er noch in den tiefsten Abgründen und Verwicklungen menschlichen Daseins den Kern der Person und verhilft dieser wieder zur vollen Entfaltung ihres ursprünglichen Potenzials. Das von ihm entwickelte Konzept des bewertungsfreien Wahrnehmens und Fühlens schöpft aus einem breiten praktischen Erfahrungswissen, das er ebenso in Kursen, Trainings und Einzelbegleitungen der Dr. Asshoff Resulting KG und der Asshoff Academy vermittelt. Er ist Vater dreier Kinder und lebt mit seiner Partnerin im Münsterland.